影响青少年
一生的世界

大科学家

影响青少年一生的世界大科学家

影响青少年一生的

世界大科学家

金 欣 编译

光明日报出版社

图书在版编目（CIP）数据

影响青少年一生的世界大科学家 / 金欣编译 . ﹣﹣北京：光明日报出版社，
2012.6（2025.4 重印）

ISBN 978-7-5112-2381-4

Ⅰ . ①影… Ⅱ . ①金… Ⅲ . ①科学家—生平事迹—世界—青年读物 ②科
学家—生平事迹—世界—少年读物 Ⅳ . ① K816.1-49

中国国家版本馆 CIP 数据核字 (2012) 第 077125 号

影响青少年一生的世界大科学家

YINGXIANG QING SHAONIAN YISHENG DE SHIJIE DA KEXUEJIA

编　　译：金　欣

责任编辑：李　娟　　　　　　　　　　责任校对：易　洲
封面设计：玥婷设计　　　　　　　　　责任印制：曹　净

出版发行：光明日报出版社
地　　址：北京市西城区永安路 106 号，100050
电　　话：010-63169890（咨询），010-63131930（邮购）
传　　真：010-63131930
网　　址：http://book.gmw.cn
E - mail：gmrbcbs@gmw.cn
法律顾问：北京市兰台律师事务所龚柳方律师

印　　刷：三河市嵩川印刷有限公司
装　　订：三河市嵩川印刷有限公司
本书如有破损、缺页、装订错误，请与本社联系调换，电话：010-63131930

开　　本：170mm×240mm
字　　数：190 千字　　　　　　　　　印　　张：14
版　　次：2012 年 6 月第 1 版　　　　印　　次：2025 年 4 月第 4 次印刷
书　　号：ISBN 978-7-5112-2381-4-02

定　　价：45.00 元

前 言

　　科学的发展经历了漫长的历史，如果我们翻阅史册，就会发现它的起源可以追溯到遥远的古希腊时期。在此之前的古巴比伦文明和古苏美尔文明则显然都没有达到科学的高度。他们在药学、天文学和应用数学等方面的研究尚处于起步阶段，更不用说在工程学上的建树了。

　　公元前 6 世纪，第一次科学革命在古老的希腊悄然兴起。古希腊思想家们已不再满足于原有的"神创造一切"的学说，转而开始寻求自然界中潜在的本源，从中引申出更令人满意的对世间万物的解释。米利都伟大的泰勒斯（古希腊哲学家、数学家、天文学家，希腊"七贤"之一）提出万物本源是水；阿那克萨哥拉（古希腊哲学家，对日食做过正确解释，并相信物质由原子组成）则认为本源是气；而色诺芬尼（公元前 6 世纪的古希腊哲学家、诗人）选择了毫不起眼的土。与此同时，德谟克利特（约公元前 460～前 370 年，古希腊哲学家）第一次提出了最原始的原子学说。原子（atom）这个单词来自于希腊语中的 atomon，字面上可以直译成"不可分割的"意思（直到 20 世纪，英国物理学家、化学家欧内斯特·卢瑟福对原子理论做出了开创性的贡献，才使这个单词重新受到广泛的重视。从某种意义上来看，这不能不说是一种知识滞后）。研究表明，在苏格拉底（古希腊哲学家）之前，哲学家们对科学的认识尚处于混沌阶段，但我们仍可以从"权威真理"受到的挑战中，从基于观察和逻辑推演的研究过程中窥见科学方法的闪光。此时真理的权威已经属于思想家，而不再是那些宗教牧师。

　　随后，涌现出欧几里得（约公元前 3 世纪的古希腊数学家）和阿基米德（古希腊数学家、工程师及物理学家）等一批伟大的思想家，他们在科学领域做出了不朽的贡献，并创立了几何学和三角学等学科，这些知识直到今天仍然是科学研究所必需的工具。正是从那时起，我们跨入了科学的认知阶段。

然而，科学研究的发展道路并不是一帆风顺的。科学人士常常和宗教组织发生严重冲突。在这种情况下，科学工作者往往会遭到不幸。宗教信仰者拒绝听到任何违逆自己信仰的声音，对科学家所提出的种种观点感到无比的愤怒和恐惧。他们还对科学工作者采取威胁或胁迫手段，甚至诉诸暗杀。

在历史上的这些时期，各个教会都在激烈地对抗"异教"的科学观点，这些学说包括对宇宙的解说、对地球结构和起源的研究，以及对人类起源的认知等。

尽管遭受了无数次的打击和迫害，科学仍然从这场斗争中得以最终胜出，成为 20 世纪主要的智慧源泉。胜利果实的获得可以归功于两个概念的结合："科学"地"工作"，也就是由艰苦试验和错误环节循环往复所构成的完整的科学过程，即通过试验和验证，更改和抛弃各类假说，持续不断地构建与已知事实相匹配的理论，当有新现象出现时再修正或摒弃原有的科学观点。简而言之，就是应用科学方法获得结果，再用事实加以验证，从而对先前的预测进行更正和纠错的过程。而诸如占星术、手相术、预言术、解梦法、心灵学、心灵感应术、飞碟学、"科学创造学"以及从动物内脏预测天气情况等所谓的学科，都由于没有遵循类似的发展规律而未被列入科学的范畴。虽然正如其他著作中论述的那样，这些包含了部分科学方法的社会习俗已经开花结果，在社会上流传甚广，然而由于它们本质上倾向于迷信、巫术和宗教等不科学的观念，因而在与科学的斗争中以失败告终。

本书的人物传记记录了这些伟大的科学家通过不懈努力在各自的领域内取得卓越成就的过程。他们为困难重重的科学探索之路点亮了一盏明灯，从而为人类知识宝库的不断扩充做出了巨大的贡献。

如果我们的目的是为了作出更加详尽的主观定论，那么本书还可以列举更多的科学家使其内容更为全面；但若果真如此，书的厚度将大大增加，或许长达数百页也无法结稿，甚至还可能因为考虑到全面性而激起一场关于"怎么样才算是'伟大'"的讨论。本书的目的，是对历史影响最深远的科学突破及其伟大的研究者做一个较为深入的详述，并希望借此激励读者在某些领域的研究兴趣。究竟效果如何，敬请读者根据实际所得给予中肯的评价。

目　录

古代科学家

文艺复兴时期科学家

17 世纪科学家

18 世纪科学家

19 世纪科学家

20 世纪科学家

欧几里得

在古希腊哲学家米利都的泰勒斯和亚里士多德的研究基础上，欧几里得证明了世界上的现象都是有规律的，而并非仅仅依赖于神的指示。

约公元前 300 年

欧几里得的旷世著作《几何原本》在全世界被翻译成数种文字，是被人们研读最广的西方数学著作。毋庸置疑，一直以来它都是人类历史上最伟大、在全世界影响最深远的书籍之一。

《几何原本》的主要内容是几何学，即关于形状的数学运算。它的研究深入透彻，即使在几千年后的今天，它仍是几何学研究的基本框架，数学家们仍然要通过借助这本书中平面几何的点、线、形状和立体模型来开展数学研究。欧几里得在《几何原本》中还总结了大部分的几何基本定律，如关于三角形、矩形、圆形、水平线的运算等，这些都是现代学生仍在学校接受的基本教育内容。

这本伟大的著作同时也象征着一种全新思维方式的诞生，即运用逻辑思维假设、推理、演绎和证明等方法探索真理，而不再是简单地依赖猜测和信仰。时至今日，人们再也不会认为世间万物的变化是受上帝一时的心血来潮控制的，我们已经学会运用欧几里得的方法逐步地以实践为基础探索自然规律。

当然，这些贡献并不是欧几里得仅凭一己之力凭空创造出来的。他的工作是建立在之前几个世纪的古希腊思想家们所做的实践之上的，这可以追溯到公元前 7 世纪的泰勒斯时代。欧几里得之所以非同凡响，是由于他将先哲们的思想加以汇总，总结出细致而严密的科学观和方法论，在历史上产生了极其深远的影响。浩瀚的历史长河中，无数伟人深受欧几里得思维方式的影响，例如本尼迪克特·德·斯宾诺莎（1632～1677 年，荷兰唯物主义哲学家）、伊马利·康德（1724～1805 年，德国哲学家，古典唯心主义的创始人）和亚伯拉罕·林肯（美国总统）等。

■ 欧几里得其人

关于欧几里得本人，迄今为止人们所知甚少。他生活于大约公元前 300 年的亚历山大地区，那是当时埃及最大的城市，后来由亚历山大大帝在地中海沿岸重建。希腊的第一位外族统治者、埃及国王托勒密一世（公元前 367～前 283 年）在亚历山大建造了图书馆和博物馆，这里后来逐渐发展成古代最有名的知识和教育交流机构。据推测，欧几里得很可能曾在那里执教数学，也许还是柏拉图（公元前 427～前 347 年，古希腊哲学家）的学生之一。而在欧几里得去世后不久，另一位科学家阿基米德也来到了那里。

> 欧几里得最伟大的学术贡献在于，他把当时的几何学定律整合成为一个定理和证明相互关联的体系，为他之后的科学研究奠定了坚实的基础。

从欧几里得的一些轶事中，我们可以推断出他的某些个性。看起来，欧几里得是一位温和亲切，善于激励学生的老师。有一段文字是这样描写的：他"对所有有志于钻研数学的学生都一视同仁，教学始终仔细谨慎，从不惩罚和批评弟子，而且在整整一个学年的教学中从未自夸过"。另一个故事是这样的：一位学生由于学不好几何课而灰心沮丧，于是忍不住去找老师欧几里得，询问学习几何究竟能够获得什么实际的好处。欧几里得立即吩咐家仆取些钱币交给这位学生，以此让他"获利"并打发他走。还有另外一个故事说，托勒密国王为了学好几何学，向欧几里得请教是否有学习的捷径，欧几里得回答："在几何学里，大家只能走一条路，没有专为国王铺设的大道。"这句话已成为千古传诵的箴言。

以上是我们现今知晓的所有有关他的事迹，大多数故事都来自希腊哲学家普罗克洛斯的著作，这位评论家生活在距今约 800 年前。

有关欧几里得的记载实在是屈指可数。由于缺乏充分的依据，有些学者认为《几何原本》是由一群学术研究者在欧几里得的指导下共同编写的，甚至还有部分人认为"欧几里得"只是亚历山大时代的数学家们为自己的合作团体取的名字而已。无论真相如何，《几何原本》的重要历史地位始终不可动摇。同样，欧几里得的其他一些相对不为人所知的贡献也是不可磨灭的。

■ 欧几里得和几何学

欧几里得最伟大的学术贡献在于，他把当时的几何学定律整合成为一个定理和证明相互关联的体系，为当代科学研究奠定了坚实的基础。

在欧几里得生活的时代，关于几何学的理论日趋成熟。几何，即数学形状，对于它的研究最早可以追溯到几千年以前的古埃及时期，当时人们出于丈量土地面积的需要，很可能已经对这门学科有所涉及。古代埃及人建造了举世闻名的金字塔，可见当时的几何学已经发展到了一个较高的水平。他们把几何学称作"土地测量"，希腊人传承了这种说法，单词 geometry（几何学）即为"土地测量"（earth measurement）的简写。1858 年，苏格兰历史学家亚历山大·莱茵发现了一卷纸草书（纸草，埃及人制造纸张时所用芦苇秆的称谓），后来证实，这是公元前 1650 年一位名叫阿梅斯的埃及人的手稿。这份莱茵手稿连同另一份现珍藏于墨西哥的手稿（因此被唤做"墨西哥手稿"）都显示出古埃及人对三角几何学的很高造诣。例如，他们懂得如何根据物体的影子长度得到它的实际高度。

从《几何原本》可以看出，当时的埃及人对几何技术的研究已经达到了较高的水平。欧几里得和其他古希腊人所做的工作就是把前人浩如烟海而杂乱无绪的成果加以系统化，整理成一个严密的理论逻辑体系，也就是把"应用数学"整合成"纯数学"理论的过程。

古希腊人的研究活动没有停留在业余的智力消遣层次上，他们为了实际应用，孜孜不倦地寻求着抽象的真理。通过严谨的研究方法所探索到的原理几乎适用于各种实际情况，应用范围极广。这些研究对于解决实际生活中的问题，具有重大的指导意义。例如，在三角学学科建立之前，由于人们没有掌握相应的数学规律，往往换个条件就会给计算带来不便。但当这些规律一经掌握，就能发挥出无穷的神奇力量。例如，米利都的泰勒斯在古埃及旅游时，曾运用一个简单的数学定律（即相似三角形的理论）亲自演示测定金字塔高度的过程，并测量了大海上船只距离陆地的距离。

欧几里得的风车证据

要了解欧几里得解决问题时采用的方法是多么有效，最具说服力的便是"风车"证据，它证明了关于直角三角形的毕达哥拉斯定理。之所以称为"风车"，是由于图形类似风车形状。这其中所蕴含的智慧之光获得了不少科学家发自内心的赞美和推崇，一位德国科学家曾于 1821 年认为，欧几里得的"风车"证据无懈可击，堪称宇宙中最完美的论证。他发表言论说，如果我们想要让火星人感到畏惧，就该把地面上的田地耕作（或栽种）成"风车"形状，或是在西伯利亚开凿相同轮廓的大运河，并在其中填满油，燃起熊熊烈火。当然，他的提议并没有实行。

古埃及人和古巴比伦人都早已知道，直角三角形的边长之间具有一定的比例关系。他们发现，每一条边边长的"平方"总是和另外两条边边长的"平方"存在一定的关联（所谓"平方"，即与自身相乘）。实际上，他们早在毕达哥拉斯之前就已经掌握了"毕达哥拉斯定理"，该定理阐述的是，两条直角边的平方和等于第三条边（即斜边）边长的平方（中国古代称之为"勾三股四弦五"）。公元前 6 世纪，毕达哥拉斯证明了这个定理，但整个过程繁冗复杂。相比之下，欧几里得的"风车"论证就显得简洁明了：

1. 分别以直角△ABC 的三边为边长，画出三个正方形，如图 (a) 所示。
2. 因为∠ACB 是直角，故线条 BCH 和 ACK 都是直线。
3. 通过之前的构建，已知∠EAB = ∠CAI = 90°。
4. 由此可得：∠BAI = ∠BAC + ∠CAI = ∠BAC + ∠EAB = ∠EAC。
5. 已知：AC = AI，AB = AE。
6. 如图 (a) 标注出两个三角形：△BAI 和△EAC。
7. 对 (a) 直线 BD 作平行线 CF。
8. 可得，矩形 AGFE = 2△ACE。该重要定理来自两个初级定理：①三角形一边的两端固定，在平面上对该边作任意平行线，则无论第 3 个端点距离该边多远，只要落在所作的平行线上，所构成的三角形面积恒定不变；②与平行四边形（包括矩形）共用一边且等高的三角形面积是该平行四边形面积的一半。
9. 同理得到，正方形 AIHC = 2△BAI。

10. 从而由第6,8,9可知，矩形 AGFE = 正方形 AIHC。

11. 由第3,4结论可得，∠DBC = ∠ABJ。

12. 与第5个结论同理可得，BC = BJ，BD = AB。

13. 与第6个结论同理，图 (b) 中所标注的△CBD = △JBA。

14. 与第8个结论同理，图 (b) 中矩形 BDFG = 2△CBD。

15. 与第9个结论同理，正方形 CKJB = 2△JBA。

16. 从而，由第10个结论可知，图 (b) 中矩形 BDFG = 正方形 CKJB。

17. 因此，正方形 ABDE = 矩形 AGFE + 矩形 BDFG。

18. 最后，从第10,16个结论得到，正方形 ABDE = 正方形 AIHC + 正方形 CKJB。

图 (a)　　　　　　　　　　图 (b)

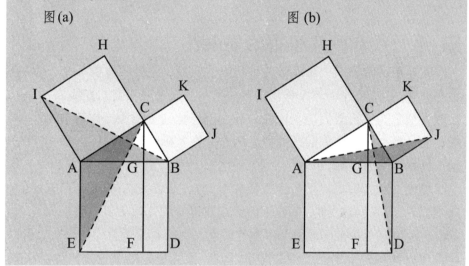

■ 假设、推理和论证

　　欧几里得和古希腊人将数学整合成一个逻辑性的系统，这使它获得了非凡的力量。他们首次引入了论证的概念，并运用缜密的逻辑思维，发现可以从假设或假定中（如"两点之间直线距离最短"）推理获得数学规律。将先前的假定与之结合就构成了一个数学规律的基本内容，我们称之为定理，它能够清楚地被证实或证伪。

　　欧几里得《几何原本》的核心内容是 5 个公理（或称假说），所有的数学定律都是由此出发获得证明的。用现代的语言表达，5 个公理分别是：

1．任意两点之间有且仅有一条直线。

2．直线沿其两个方向可以无限延长。

3．给定中心和半径，有且仅可以作一个圆。

4．所有直角都相等。

5．过线外一点，有且仅有一条不与该直线相交的直线。

现在看来，前4个公理的正确性是显而易见的。正是因为欧几里得给出了这些最基本的公理，才使得他的工作影响深远。因为唯有在对最基本的概念做出无懈可击的认定的前提下，才有可能针对原本模棱两可的定理给出明确的论证。同时，我们只能依赖这样严密的思维逻辑过程进行步步推理——任何一个定理的论证含混不清，都会导致整条逻辑链断开以致无法继续。

■ 平行线和欧几里得的局限性

欧几里得的第5个公理涉及平行线的假设，它并不像前4个公理那样容易理解。"过线外一点，有且仅有一条不与该直线相交的直线。"——该公理又被称为平行线假说。现在，我们已经把这个假说当作基本的中心定理，它是所有基本几何问题的核心内容，在实际应用中也存在着无数的例子，比如列车轨道等。

然而，欧几里得对平行线假说并不满意，他对这个假说还存有疑虑和迷惑。对于点线或二维、三维平面，欧几里得的几何学研究结果都是适用的。无论地球看起来多像一个平整的表面，它的实际表面却是一个弯曲的、包含了时间项的、大于三维的多维空间。欧几里得的平行线假说意味着，过一个定点只能作一条已知直线的平行线，但假若空间是弯曲且多维的，那么就可以画数条这样的平行线。同样，根据欧氏几何理论，三角形的内角和总是恒等于180°。然而如果三角形是画在一个球面上，那其内角和便会大于180°。

19世纪，著名数学家卡尔·高斯认识到欧氏几何的局限性，并由此发展了一门新学科——曲面多维空间几何学。但不管怎么说，欧几里得的著作依然是2200多年以来几何学研究的基石，也是现在几何学学科的核心。除此之外，欧几里得通过缜密的逻辑过程建立基本原理的方法——即通过逻辑思维，演绎推理，经验和证明——这一系列有效的思维方式，始终是学术界备受推崇的科学方法。

阿基米德

阿基米德也许是全世界最多产的发明家，但有趣的是，他更希望被世人所铭记的是自己的理论学说，而不是各类发明创造。根据伟人生前的遗愿，他的墓碑上雕刻了一个球内切于圆柱的图形，因为对这一几何比例的揭示是他毕生最引以为豪的成就之一。

约公元前287～前212年

"给我一个支点，我就可以撬起整个地球"，约公元前260年，阿基米德曾自豪地对西西里岛的叙拉古国王赫农王二世说出这句话。国王听后大为惊奇，要他把主张付诸实际，请他去拖动海岸上的一艘大船。这艘大船载重4064吨，是当时最巨大、最华丽的船只。不少由青壮年民众组成的队伍纷纷尝试拉动这个庞然大物，却都以失败告终。阿基米德设计了一套复杂的杠杆滑轮系统安装在船上，当他仅用一只手轻轻拉动绳索时，奇迹出现了，大船缓缓地挪动起来，最终下到海里。

阿基米德的一生变成一个传奇，他的故事也因此而广为人知，代代传颂。毫无疑问，他是古代最伟大的发明家。他不仅设计了一套杠杆滑轮系统拉动了大船，而且还制造了世界上第一台水泵，后世称之为"阿基米德螺旋泵"。迄今为止，还有部分地区仍在使用这套装置。除此之外，他还绘制了一幅天象图用来总结行星的运动规律；发明了一种可以向敌船发射燃火弹的机械。当他的家乡叙拉古遭到罗马舰队的侵略时，阿基米德和同胞一起为维护国家做出了伟大贡献：他制造了一台巨型投石机，以雷霆之势轰炸敌船；利用大量凹镜聚焦阳光，点燃敌舰；设计了一个抓钩装置，能向对方甩出云梯，反击侵入的敌军；更厉害的是，由阿基米德制造的"铁爪式起重机"甚至还能把巨大的敌船从大海中提起并倒转。

不过，相比之下，这些发明创造在阿基米德对全人类的所有贡献中只占据了很少的一部分，他自己甚至没把这些当成主要的个人成就。和其他希腊先哲一样，他非常重视在抽象理论和数学方面的研究。罗马的著名作家普鲁塔克曾在文中这样描写阿基米德：

> （他）不屑于去阅读任何（关于实践发明）的著作。他认为制造仪器是卑微肮脏的工作，几乎各类工艺都与应用和利益有关。他竭力避免把精力浪费在一些日常生活的小发明上，而是致力于把它们（理论）做进一步的完美和升华。

现今的考古研究表明，普鲁塔克对阿基米德的叙述并不完全客观，因为阿基米德和同时代的其他思想家不同，他积极地将理论与实际应用结合，进行一系列的应用实验。对于自己成功的发明创造，他一直感到兴奋不已。

毫无疑问，阿基米德在科学理论方面的杰出贡献是永恒的人类遗产，正是这些成就使他成为历史上（在牛顿以前）最伟大的科学家，牛顿本人也是阿基米德理论的虔诚信徒之一。

严格意义上讲，阿基米德堪称第一位科学界大师。在阿基米德之前，当然也有不少伟大的思想家在钻研科学课题，他们的成就同样值得留诸青史。但不同点在于，阿基米德是采用科学方法思考问题的第一人。他所有的抽象学说都可以借助数学运算和实验得到肯定或否定的结论，如今这已成为科学研究中常用的探索和验证方法。

■ 阿基米德的生平

大约在公元前 287 年，阿基米德出生于西西里岛的叙拉古，那里就是后来希腊的殖民地。他是希腊人而并非西西里岛人。当时，叙拉古位于罗马和迦太基两国的国界上，是一个战事频繁的边缘城邦，同时也由此成为一个科技文化较发达的地区。英明的统治者赫农王二世和他的儿子杰隆王都接受过良好的教育，据考证，阿基米德很可能就是杰隆王的辅导老师。

众所周知，在当时，唯有埃及的亚历山大城才能给予学生较正规的教育，因此，青年阿基米德不远万里赶往那里。当他抵达亚历山大时，这座城市已经是古代最集中的知识密集区了。在此之前的半个世纪里，亚历山大大帝在这里建立了城池，新建的博物馆和图书馆虽然才仅仅经历了 20 年左右的时间，藏书量却已经达 100 000 卷以上，其中包括先哲亚里士多德所有的珍贵作品，其规模在当时世界中首屈一指。各类人才也常常在馆中传道授业：伟大的欧几里得在这里教授过几何学等课程；阿利斯塔克向人们演示过地球围绕太阳旋转的模型；希帕恰斯则根据星星的亮度将它们分门别类，并由此开创了星座学。此后不久，伟大的天文学家、数学家托勒密编写了《天文学大成》，这部巨著包含的深邃思想在此后 1500 年内对天文学的发展一直影响深远。遗憾的是，阿基米德来到亚历山大城不久，欧几里得便与世长辞了。不过，阿基米德有幸认识了古希腊博学多才的思想家埃拉托斯特尼，这位学者曾成功地用三角测量法测量了阿斯旺和亚历山大城之间的子午线长度，并由此估算出地球的周长。直至半个世纪以前，科学界始终公认他所编制的年表是最精确的。

当阿基米德发现，浴缸中的水溢出体积与浸入的物体体积相等时，他跳出澡盆，连衣服都顾不得穿就直向王宫奔去，并一路高声呼喊着："尤里卡！"

阿基米德在亚历山大接受了哲学和数学的基础教育，但他在那里的表现并不出众。史学家考察发现，他曾被委任为工程师，负责尼罗河三角洲大规模的灌溉工作，伟大发明"阿基米德螺旋泵"或许就诞生在那段时期。

此后，阿基米德回到祖国叙拉古，他在那儿进行发明，研究，思索的工作度过了余生。据当地文献记载，阿基米德是一名典型的毕生追求高深知识的科学家。他对生活细节毫不关心，常常忽视自己基本的衣食需求。

有关阿基米德的最有名的、流传最广的一个故事是关于他在浴缸中发现流体静力学的基本原理的故事。赫农王把纯金块交给一名金匠，让他做了一顶纯金的皇冠。做好后，国王却疑心工匠在皇冠中做了手脚，把部分黄金偷梁换柱，掺进了其他廉价的金属。但问题在于，这顶金冠与当初交给金匠的纯金一样重，到底工匠有没有捣鬼呢？既想检验真假，又不能破坏王冠，这个问题难住了国王。于是国王将王冠交给了阿基米德。阿基米德冥思苦想了很多方法，但都以失败告终。有一天，他去澡堂洗澡，他一边坐进澡盆里，一边看到水往外溢，同时感到身体被轻轻托起，他突然恍然大悟。

阿基米德跳出澡盆，连衣服都顾不得穿就直向王宫奔去，一路高声呼喊着"尤里卡！尤里卡！"（我知道了！我知道了！）。接着他把想到的方法现场演示给国王。首先，把一块和金冠相同重量的金块放入水中，测量水位升高的高度；然后再把金冠放入水中，发现水位升高得比前者要多。阿基米德断言，产生这个结果的原因在于，虽然皇冠和金块重量相等，但前者体积却大于后者体积，这就意味着皇冠中掺入了其他的金属杂质，而不是纯金打造的。胆敢欺骗皇帝的金匠随即就被判处了死刑。

无论这个故事是真是假，它作为一个典型事例，向我们展现了阿基米德解决难题时那超乎常人的敏捷思维和杰出才华，以及他从一件生活小事洞察其内在科学原理的能力。这大概是他在流体静力学领域取得突破性进展的一个出发点（流体静力学，即研究流体在外力作用下处于静止平衡的规律，参见第12页的图片）。

数沙术

在一封著名的阿基米德写给他的学生杰隆王的信件中，他指出，无论多大的数字，都可以用数学方法来表示。他写道："杰隆王，有些人认为谷物种子的数量是无限不可数的……但是我会用数学方法向您证明我可以表示……数字范畴超过了充满宇宙大球体内的砂粒数量。"阿基米德指出，可以通过"多层"(level)——即现在所说的"幂"——的方式来表示很大的数。如2乘以2，即2的2次幂，结果是4。2乘以2后再乘以2，即2的3次幂，结果是8。在此基础上再乘以2，则为2的4次幂，结果是16。阿基米德还引入了任意数字的符号P，将其自身连乘了100万次，就是一个很大的数字了，尤其当P本身代表一个庞大的数时，那就更大了。而且他还指出，其实可以进一步表示更大的数字。

■ 数学领域的研究

阿基米德还尝试着运用数学方法解决问题。虽然他并不是第一个发现杠杆原理（即要使杠杆两端的两个重物保持平衡，就必须使较轻的物体离中心支点稍远些）的人，但他持续深入地研究了这个问题，并通过数学证明得到以下结论：两个保持平衡的重物中，一个相对于另一个质量的比值与它们各自距离杠杆支点的距离成反比。此外，他还颇为睿智地指出：每个物体都有一个重力作用的中心点，可以把整个物体的重量看作集中于此点。同样，他也通过数学推导验证了这个观点。

有趣的是，他不但把实际问题看成数学问题并着手解决，同时也将抽象数学问题进行实体化解决，这一创造性思维的意义直到 2000 年后才为人们所熟识。阿基米德引以为豪的是他对几何难题的解答，尤其是规则物体的体积计算，如球体和锥体等。

阿基米德的部分数学成果是古希腊传统意义上纯粹的抽象研究。例如，他发现球体的表面积等于其"最大的圆（内切圆）"面积的 4 倍，换句话说，相当于相同半径平面圆面积的 4 倍。他还通过计算证明，等边圆柱体积与内切球的体积之比是 3：2。他对自己的这项研究成果非常满意，并要求在墓碑上铭刻一个内切于圆柱体的球体，正如我们现在看到的那样。所有的这些成就都是他引入实践方法获得的成果。

↓凹面镜反射聚焦太阳光的示意图，传说在公元前 214 年由阿基米德设计，在罗马和迦太基之间的第二次古迦太基战争中，被用来点燃进攻叙拉古的罗马战舰。

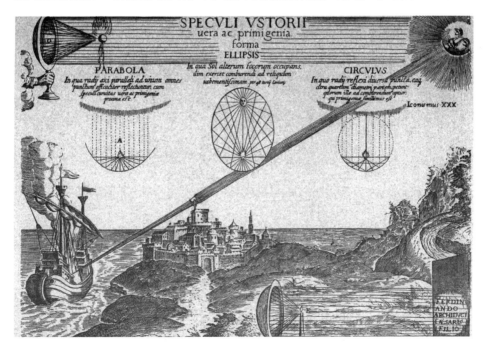

沉和浮的原理

阿基米德最伟大的研究成果之一，就是对液体浮力和物体漂浮的研究成果。他注意到，物体在水中的重量比在空气中要轻。一个很重的人可以在游泳池中浮起来，这就是由于浮力的存在——水使一种向上的托力作用在他身上。然而，当物体浸没在水中时，它的重量将使它下沉。但是阿基米德发现，物体受到的浮力大小等于物体排开的水的重量，因此物体会一直下沉直到其重力等于水的浮力为止，此时它便是漂浮的。比水轻的物体会上浮，而比水重的则会下沉。阿基米德运用简单精确的数学关系描述了这个物理关系。

这是一个惊天动地的大突破，因为这样一来，海船制造者就可以预测他们的船只是否会沉没，而不必再通过反复的测试来验证，甚至以一场海难悲剧来收场。阿基米德还根据不同的海船形状，进一步计算出了哪种船只的外形和角度适合上浮。尽管他的大量工作都是纯理论性质的，但它们在实际应用中还是具有至关重要的作用——因为造船匠们可以根据这项结果，预测船只是否有可能会覆没。

↑ 阿基米德凭借自己设计制造的一套杠杆滑轮系统，单手拉动大海船并使之靠岸。

传统的古希腊观念是蔑视实践的。古希腊人信奉柏拉图的思想，认定纯数学是通往不完美世界背后的完美真理的唯一钥匙，因此任何学问都不能应用到实践中，任何精确优雅的计算过程都不具有现实意义。阿基米德的过人之处在于，他不仅看到了这种思想的局限性，还敏锐地发现了通过估算可以达到的实际成果，这里用到的思维方式遵循的是希腊人所说的"机理"。从阿基米德给一位亚历山大同行的信中可以很明显地看出，他已经意识到自己的做法与传统的古希腊观念有着相当大的分歧，"这些和几何学理论有关的原理，前人没有发现而被我发现了。我是第一个通过分析其表面现象挖掘其内在原理，并借助几何学将它表示出来的人"。

这种方法使阿基米德在科学道路上受益匪浅。例如，他为了估算圆面积，在圆内画了一个最大的正六边形，在圆外画了一个外切正六边形，因为他认为圆面积应该介于两个六边形面积之间。当把六边形切割成有 96 条边的多边形后，他可以将误差缩小到尽可能小的范围内，由此计算得到了 π（圆周率）的数值为 22/7，这个结果即便放到现在仍然是非常实用的。

同样，阿基米德研究了曲线图形问题。他把要求面积（或体积）的曲线形分割成若干矩形，这些矩形的面积越小，数目越多，则所有矩形面积（或体积）总和与所求曲线形面积（或体积）的准确数值越接近。这就是几千年后曲线（或曲面）积分的基础，是许多科学家（如牛顿及其后继者们）在研究中有力的数学工具。

■ 阿基米德之死

当罗马士兵侵略叙拉古城时，阿基米德已是一位年近 80 岁的垂垂老朽，但他依然充满了创新的活力，整日埋头于学术研究。罗马舰队逼近叙拉古城时，阿基米德正绞尽脑汁思索御敌良策。可惜，即便是阿基米德这样的智者，也无力阻拦罗马军团侵入的脚步。

罗马的统帅马赛拉斯对阿基米德的智慧早有耳闻，并被其出众的才能所征服，于是他命令士兵在进入叙拉古城后，务必要礼遇这位伟大的科学家。然而不幸的是，进入阿基米德住处的罗马士兵没来得及收到这个军令。相传，当无知的士兵破门而入时却发现阿基米德正全神贯注地在地上的细沙中作图和演算。"不要碰我的图纸！"阿基米德高声斥责这位士兵。疲于征战的士兵勃然大怒，命令阿基米德跟他走。然而阿基米德坚持要把题目解完，于是凶残的罗马士兵用剑刺向这位老人，杀死了他。

阿基米德虽然享有盛名，但他的许多著作都遗失了，人们只能零零碎碎地搜寻并加以整理，部分重要的学术成果可能再也找不到了。幸运的是，阿基米德的一部重要著作于1906年重现天日，丹麦文献学家海尔伯格在耶路撒冷一个修道院发现了一本中世纪的羊皮卷。经鉴定，这是一部在最终定稿前方便涂改的手写草稿原本。其中除了传统的《圣经》内容外，还包括了大量阿基米德关键性研究成果的隐藏复本。

在欧洲中世纪的早期，阿基米德相当一部分的成就由阿拉伯的数学家们所继承，并最终在17世纪的欧洲科技革命中大放光彩。伽利略将自己的成绩归功于阿基米德，"如果没有阿基米德，我将一事无成。"牛顿曾有名言"如果说我比别人看得远一些，那是由于我站在巨人的肩膀上的缘故。"对他来说，所有巨人中最伟大的一位就是阿基米德。

↑阿基米德在叙拉古城死于一名对数学一窍不通的罗马士兵之手。

希帕恰斯和托勒密

希帕恰斯（又译依巴谷，大约公元前 200～前 126 年）和托勒密（约公元 90～168 年）是古代伟大的天文学家。二人的成就共同构成了此后的 1500 年中天文学研究的基础。

托勒密
约公元 90 ～ 168 年

希帕恰斯和托勒密对宇宙星体进行了较为全面的分类，并汇编了第一部有关天体运行的著作。该书包罗万象，如编制了太阳和月亮的运行表，以分析其变化规律等。人类对天文学的最初认识可以追溯到史前年代，人们在晚上凝视星空，根据月光决定外出打猎的有利时间。大约 1 万年以前，当人类进入农业文明时期，人们也会借助天文学来确定适合播种的时刻。之后，天文学的重要性逐渐上升，天文学家的地位之高往往可以与大祭司相媲美。许多古代的著名遗迹也与天文学的关系密不可分，例如，埃及金字塔和史前巨石阵等。

■ 希帕恰斯其人及成就

当希帕恰斯大约于公元前 200 年降临人世时，天文学已经发展成为一门著名的古代科学。尽管他生前曾经名闻遐迩，逝世后其肖像还被雕刻在罗马硬币上，但关于他的生平我们知之甚少。据考证，他的出生地可能是在比西尼亚的尼西亚（Nicaea），即现在土耳其的伊兹尼克。希帕恰斯从青年时期就开始整理汇编当地的天气记录，并尝试着探索季节性气候和特殊星体升降之间的联系。他一生中的大部分时间基本上都在希腊罗德岛度过，这里离埃及的亚历山大很近，他对天文学的研究也主要在这里开展。

托勒密在著作中曾提及希帕恰斯在罗德岛上对行星开展了大量的观测工作。大约公元前126年，希帕恰斯在罗德岛与世长辞。现在我们对他的了解更多是来自于间接的资料，它们的可信度仍然无法得到核实。

希帕恰斯在天文学方面的研究著作广泛而丰富，他还为此专门编写了一部目录手册，可惜经过历史动荡多已散失，现在仅流传下一本对当时流传甚广的《物象》的评论。《物象》是一部描述天文星象的长诗，对研究古代的天文学和气象学具有极大价值，由亚历山大学者阿拉托斯和欧多克索斯编写。尽管这部评论与希帕恰斯的天文学研究成果毫不相干，但从他对诗中描述星群时的部分错误的严厉批评中，我们可以看出他严谨得近乎苛刻的科学态度。希帕恰斯在托勒密的书中被描述成"真理的情人"，假如希帕恰斯真的如此严谨和公正，那么他对自己的要求实在是非常严苛，一旦有了新的发现，他便会随时修正自己的观点。

· 工作中的希帕恰斯

不可否认，希帕恰斯是一名善于观察的科学家，常常会发现许多新鲜事物。同时，他大量吸取中东地区长久以来对天文学的研究成果，特别是古巴比伦的研究资料，这其中的只言片语蕴藏着波斯帝国废墟下残存的思想光辉。

公元前134年，希帕恰斯观测到一个罕见的天文现象，他发现夜空中出现了一颗新星（从未被观测到的一颗恒星）。而直到1572年，才由第二位天文学家第谷·布拉赫再次观测到了这颗新星。相传，正是这个异常发现在希帕恰斯脑中燃起了新的念头——将当时已知位置的850颗左右的恒星进行分类。这种分类方法被托勒密继承和发展，直到16世纪仍然被不少天文学家采用。事实上这种分类方法极其精确，甚至在1800年后，天文学家爱德蒙·哈雷把自己的天象图与希帕恰斯的分类进行比较时，惊奇地发现几个世纪以来这些行星位置的变化简直微乎其微。

希帕恰斯还把肉眼可观测到的星星按亮度大小从高到低分为六等。根据他的观测，天狼星是这些星星中最明亮的，因此被定义为一等星，而肉眼可见的最暗星体则是六等星。尽管现今的研究范围在不断扩大和变化，天文学家们还在沿用他的这套方法来区分不同的星体。

希帕恰斯的卓越工作要归功于他极为严谨的科学态度。试想，仅凭当时十分简陋的科学条件，他只靠一双肉眼观察星空以及参阅晦涩难懂的历史记录，却能对天体运行作出如此令人震惊的精确计算，实在令人敬佩。现代人有时会误以为古人对地球在太阳系中的位置一无所知，甚至可能不清楚地球是平的还是圆的，其实希帕恰斯（以及同时代其他希腊天文学家）对此早就有所认识，尽管他的观念并非完全正确。

和同时代的许多科学家一样，希帕恰斯犯了一个最大的错误：他认为地球是静止不动的，太阳、月亮、其他行星以及恒星都围绕着地球转动。在当时，唯有萨摩斯岛的阿里斯塔恰斯正确地认识到地球是围绕太阳运行的。尽管在星体运行方式的判断上犯了错，但由于希帕恰斯的计算精确度很高，因此即使在"恒星不动而地球运动"的正确前提下对他计算的太阳、月亮、恒星的运行轨道等数据进行验证，我们仍会发现这些错误假定下的计算结果与实测数值相差无几。

· **希帕恰斯的计算**

希帕恰斯对天文研究的精确性来源于他熟练的运算能力和严谨的研究态度。据传，他发明了数学运算的分支学科——三角学，这是一门有关三角形计算的学科。此外，他还引入三角学中"弦"的概念，并推导出一套三角运算的弦表。借助这些，他可以更好地推算出地球或其他恒星的大略位置。

希帕恰斯还标注了黄道，这是他若干重要天文学研究成果的理论前提。由于地球绕着太阳公转，因而从地球上观看，太阳每年在以恒星为背景的天空绕行一周。所谓黄道，就是太阳一年中在恒星背景上走过的路线。黄道和地球赤道以一定的角度相交于两个点，分别被称作春分点和秋分点；离太阳最远和最近的点则被称作至点（分别是冬至点和夏至点）。真正引起希帕恰斯兴趣的现象是，无论太阳的运动轨迹看起来多么接近于一个圆，从春分点到夏至点与从秋分点到冬至点经历的时间长短并不相等。为了解决这个难题，他给出了一套数学方法用来计算任意一天太阳的准确路径。

他进一步测量了一年的长度。计算一年时间的方法多种多样，希帕恰斯采用的方法是计算"热带年"，即介于春分点和秋分点之间的一年。希帕恰斯将初步计算的结果与古代运算记录进行比较并作适当修正，由此得到的最终数据仅仅比现代实测结果慢了 6 分钟左右。

· 摆动的地球

希帕恰斯最著名的发现是"春分点（秋分点）的岁差"，这是他发挥严谨的科学作风、孜孜不倦所得到的重大成果。当他对春分点（秋分点）的恒星进行时间和位置的计算后，将结果与150年以前的记录进行比较，从中发现黄道附近的恒星位置产生了微小的移动。在考虑了各种可能性后，他得出结论：众星均在由西向东缓慢移动，而每26000年它们将完成一周的运动回归到原位。现代的研究表明，引起这种现象的原因在于地球运转时倾斜方向的变化，我们将其称之为"岁差"，以区别于其他恒星的摆动。然而希帕恰斯在当时就能观察到这一点，我们不得不承认这是一个非凡的发现。

希帕恰斯决定由此出发研究月亮的运行规律，预测日食和月食发生的时间并探索其中的缘由。然而，希帕恰斯在这方面只取得了小小的进展，因为他从来都不接受看似虚无缥缈的理论，坚持只信奉亲眼见到的证据，因此他仅仅计算出月亮和地球之间的距离与地球大小的比值。为了完成这项工作，他还参考了视差现象，即当地球运动时（或者相对于观察者希帕恰斯而言是天空在运动），较近天体相对于较远天体的运动轨迹而言，似乎有微弱的倾斜；并且天体运动速率越快，看起来就离我们越近。希帕恰斯通过这一系列复杂而颇具创新性的假设，比较了发生日食时月球的大小（看起来和太阳一样大）和发生月食时地球在月球表面的阴影大小，计算得到月亮和地球间距大概是地球半径的63倍，实际倍数则应该是60多倍。

现在所知的大多数关于希帕恰斯的信息都来源于第二手资料，如通过托勒密的书籍等途径获知。但是，科学家们于2005年1月发现了一份可以证实希帕恰斯的研究贡献绝非捏造的的确凿证据。尽管在此之前曾出现过能证明希帕恰斯编写过星体分类书籍的资料，但尚未经证实。然而，美国天文学和历史学家布拉德利·谢弗有了新的发现，他注意到位于意大利那不勒斯的法尔内斯博物馆内的一座大理石雕像，该雕像高2.13米，是一件雕刻着巨神阿特拉斯背负着球体天象图的古罗马雕塑。

该雕塑背负的球体浮雕上面有星群图案，看起来像是依照一份星群目录雕刻的一样。对球体上恒星的分布进行细致分析后，谢弗计算出这些恒星的位置应该是约公元前125年的状况，前后误差不超过55年。而这恰恰又是希帕恰斯生活的年代，从而强有力地证实了希帕恰斯确实曾编写过一部星群目录。接下来科学家将进一步比较该星图和《天文学大成》中星图之间的差异。该雕塑还进一步证实，后世将希帕恰斯推崇为古代最伟大的天文学家并非空穴来风。

■ 托勒密其人及成就

现在对希帕恰斯的了解多数来自于天文学家克罗狄斯·托勒密（约公元 90～168 年）的著作，他于公元 2 世纪编写的 4 部书汇集了古希腊天文学的所有研究成果，其中包括著名的《天文学大成》（阿拉伯语中意为"至大"）。在 16 世纪以前，这些书籍一直被西方各国和阿拉伯天文学家奉为天体研究的典范，尤其是巨著《天文学大成》更是备受推崇。

↓《和谐大宇宙》。这是由安迪亚·斯拉利印刷的托勒密系统。该星系描绘的是以地球为中心的太阳系，该理论延续了大约 1000 年。

有关托勒密的生平我们同样知之甚少。据考证，他是生活在亚历山大的希腊人，对他的了解仅此而已。幸好托勒密的主要著作都得以保存，这些成果对后世天文学的进步产生了巨大影响。

《天文学大成》描述了一套完整的天体运动系统，后人称之为"托勒密系统"。直到16世纪，哥白尼学说颠覆其"地心说"之前，它一直是历代天文学家遵循的准则。托勒密系统所述如下：星系中心是地球，地球周围环绕着一系列呈层叠模式运行的庞大星球，包括恒星、行星、太阳和月球等。此外，书中还描绘了这些星球的升降以及它们在太空中的运行情况。

众所周知，由于地球的自转和公转，行星的运行在地球上的观察者看来并非遵循完美的圆形轨迹。它们仿佛经常会发生逆行，难怪古希腊人会称其为"流浪者"。托勒密系统独创性地提出"本轮"概念。"本轮"指的是以地球为圆心的许多同心圆，它们不仅如巨大的太空时钟般一刻不停地运转，而且最重要的是该系统极为精确，通过它预测行星和恒星的运动由此变得极为便利。难怪即便知道哥白尼指出了它的致命错误（地心说）后，不少天文学家仍然舍不得丢弃它。

托勒密的另一部巨著《地理学》相对《天文学大成》来说，影响更为深远。该书囊括了当时所有已知地区的地图。他的伟大创新在于，将世界地图上8000个地区都标注了各自的经纬度。托勒密还创造了两种方法，用来在平坦的地图上准确表征弯曲地球表面的经纬度。然而从现代科学的视角来看，托勒密对于世界的认知并不比同时代的科学家高明多少，他的地图错误百出，唯有精确的计算方法令人叹服。不过无论如何，这都是当时绘制出的最完美的地图，《地理学》也因此成为1300年来广为奉行的标准地图。实际上，由于托勒密错误地低估了世界的面积，他的信奉者克里斯托弗·哥伦布原以为渡过太平洋后往西航行很快就能到达亚洲，而最后哥伦布却意外地发现了美洲。

列奥纳多·达·芬奇

列奥纳多·达·芬奇（1452～1519年）以精湛的画艺享誉世界，如作品《蒙娜丽莎》等。然而，人们通过他的笔记发现，达·芬奇还是一位卓越的科学家，甚至堪称近代史上第一位伟大的科学家。

1452～1519年

翻开列奥纳多残存的记事本，我们才发现原来他还是一位才华横溢的科学家。在几千页的纸张上面，达·芬奇绘制了许多设计图纸，每一页都写得密密麻麻，内容包罗万象，涉及他对各个科学领域——地质学、解剖学、重力学、飞行学、光学等——的思考。同时，人们还可以发现，列奥纳多的思维带有跳跃性，同一页的内容往往会从一个主题跳到另一个。

这当中，最著名的当属列奥纳多的各种新发明。从他为机器设备所做的笔记和草图来看，有些发明只是一个初步的设想，而有些甚至已经绘制出了细节。列奥纳多的发明涉猎甚广，从新式武器到供水装置，无不在他的思考范围之内。然而真正令人叫绝的是他的众多设想已经远远领先于当时的年代，直升机、坦克、汽车、飞机、自行车、降落伞……如此种种，均在列奥纳多的笔记中一一出现，而它们直到500多年后才成为现实。更令人无法置信的是，列奥纳多居然曾经把其中一部分梦想付诸实践。自古以来，除了少数直接读到过他手稿的人之外，几乎没有人知道这些，他的科学记录也几乎无人知晓。

列奥纳多的字体较小，还喜欢写成镜像形式，使得解读工作更加困难。据分析，这样可能比较有利于他用左手书写。然而，在学者们认真研读了列奥纳多的科学记录后，便一致公认他是历史上最有智慧的科学家之一。从解剖学到天文学的跨越显示了他思维之开阔，而他的发明创造也显示出他那时已经走在了时代的尖端。尤其是在地质学研究中，列奥纳多讨论了沉积物（矿化物）、地层、化石和地球年代的情况，并预见到 300 多年之后（即 19 世纪初）那次关于板块学说的大辩论。更加值得关注的是，列奥纳多认为实践是发现真理的最佳途径，极力强调实践在科学研究中的重要意义，这种观念对后来几个世纪的科学研究产生了深远的影响。他曾经这样写道，"脱离实践的理论是毫无用处的。"

令人费解的是，面对自己如此浩瀚的科学成果，列奥纳多却选择了不予公开。至于他在笔记本中记录这么多内容的原因，至今尚无人知晓。大多数人都认为，他的构想本来已足够成书出版，但由于他的坚持，那些非凡的思维结晶最终没有公之于世。结果，列奥纳多对科学的发展也几乎没有产生任何的推动作用，因此世人熟知的列奥纳多·达·芬奇仅仅是一名艺术家。我们唯一可以推测到的是，如果当初他把设想公布于众，那世界必定会产生极大的变化。

■ 芬奇镇的童年

1452 年 4 月 15 日，列奥纳多出生在意大利托斯卡纳地区的芬奇镇。母亲是一个女仆，名叫凯特里娜，生他时她才 16 岁。父亲塞尔·皮埃罗则是当地的公证人（律师）。小列奥纳多出世后不久，塞尔·皮埃罗又与当地的一名财产继承人阿碧拉成婚，而凯特里娜在把儿子的抚养权交给皮埃罗后，自己则嫁给了当地的一个牧牛人。皮埃罗和他的新夫人很少花时间照看婴儿，而是委托他的祖父母和舅舅弗朗西斯科代为看管。

列奥纳多在童年时就表现出了超乎寻常的天赋，他拥有一副动听的歌喉，并很快就学会了弹奏七弦琴。他还善于骑马，并且对数学表现出异常的兴趣。列奥纳多还喜欢一个人到芬奇镇外的乡村漫步，随身还携带着一本记事本，上面记录着许多行星和动物的素描，令人惊叹不已。

■ 列奥纳多在佛罗伦萨

1468 年，列奥纳多的祖父逝世后，他们举家搬往佛罗伦萨。当时的佛罗伦萨百家争鸣，各种创新思维层出不穷，整个城市弥漫着一种令人愉悦的美妙气氛。佛罗伦萨大教堂的雄浑圆顶是城市中最具有代表性的建筑物，由布鲁内莱斯基设计。大街小巷上，各个著名工场和画室创造的艺术作品更是令人眼花缭乱，为城市平添了一道亮丽的风景线。其中包括基贝尔蒂的旷世之作——洗礼堂和多纳太罗雕刻的"大卫"青铜雕塑。当时，列奥纳多的父亲已经注意到儿子在绘画上的才能，于是就把他送到佛罗伦萨最有名的雕刻家、画家和金匠——安德烈·委罗基奥的工作室当学徒。

在名师的指点下，列奥纳多的技艺突飞猛进，并很快就超越了他的老师。传说，委罗基奥因此羞愧难当，从此便不再涉足绘画行业。列奥纳多常穿一条亮粉色的超短裤子，他的特立独行使人们纷纷怀疑他的性别。而他似乎确实对女人从来不感兴趣，他曾在笔记本上写道，"一切与生儿育女有关的事情都令人厌恶，一旦所有漂亮脸蛋和性别特征从这个世界消失，人类就会灭绝。"无论真相如何，他无心于人际关系的个性从侧面成就了他的事业，因为这使他拥有更多的时间思考问题和提升艺术修养。

■ 列奥纳多在米兰

1480 年，列奥纳多得到伟大的洛伦佐的器重，为佛罗伦萨最显赫的

↓图为按照列奥纳多绘制的发明草图之一——依靠弹簧提供动力的自动行驶车——制造的模型。

麦迪奇家族服务。他很快就投入了新作《贤士朝圣》的创作，但不久后便暂停了绘画工作，转而写信给米兰公爵鲁多维利·斯福扎。在信中，他以一名军事工程师的身份向公爵毛遂自荐，而很少谈及自己在绘画和雕刻方面的才能。他说自己能够建造装甲车、攻城机车，以及经久耐用的旋转浮桥和军用弹弓。鲁多维利一开始并没有注意这封信，但很快列奥纳多就收到了公爵让他前往米兰公国的邀请，并在那里度过了整整 17 个年头，直到 1499 年米兰公国被法国攻陷（鲁多维利逃离该城）才离开。

在米兰的日子里，列奥纳多的工作变得繁忙起来。除了绘画和筹备宫廷节日外，他还要为各类技术工程，如建筑、防御工事、下水道、给水供应系统等提出合理化的建议。他在米兰最杰出的成就就是油画《最后的晚餐》（1495～1498 年），有些人甚至认定它堪称史上最完美的画作。

然而，他倾注心力最多的一项工程并不是这幅画，而是一尊鲁多维利骑在马上的巨大青铜像。他原想创作一个前蹄腾空的铜马雕像，但由于当时浇铸工艺的水平有限，这座雕像的创作最终没有成功，这也成为他的理想脱离现实而导致的诸多败笔之一。后来，著名雕刻家米开朗基罗还曾拿这件事嘲笑他，两位大师经过激烈的争辩最终决定在画艺上一较高下，绘画题材选定以一次大场面的战争为蓝本。列奥纳多画的是《安吉亚瑞战役》，而米开朗基罗画的则是《凯萨亚瑞战役》，遗憾的是两位大师都没有完成各自的作品。列奥纳多中途放下画笔，在佛罗伦萨的圣玛利亚纽瓦医院研究了大量病例，并动手解剖了不少尸体，从而大大扩大了自己在人体解剖学方面的知识。1510年，他曾经打算出版解剖学手稿，但最终却不了了之。

■ 动荡中的列奥纳多

自 1500 年起，由于政局动荡不安，列奥纳多不得不辗转于意大利的佛罗伦萨、威尼斯和罗马等地，从未在任何住处停留一年以上。几年后，列奥纳多投靠了残忍无情的凯萨·波吉亚，他走遍了凯萨的领土，研究新的地图制图法。1503 年，列奥纳多经过多方的调查研究，设计了一条从佛罗伦萨通往大海的运河。到了 1505 年，他对作品《安吉亚瑞战役》的工作完全丧失了兴趣，转而着手《蒙娜丽莎》的创作。与此同时，他还写了一本关于鸟类飞行的书。在两年多的时间里，他在笔记本上记满了他对飞行机器的设想，其中包括直升机和降落伞。

　　年届 60 的列奥纳多逐渐对颠沛流离的生活感到倦怠，转而想要寻找一个安居之所。1513 年，他接受邀请搬往罗马城梵蒂冈定居。在当地居住的 3 年中，他期待着能接受几项委托，然而所有的项目都送到了米开朗基罗和布拉曼特等人手中。据传，列奥纳多曾担任罗马教皇的顾问，负责索回蓬蒂内沼泽的有关事宜。在这个时期，或许他依然对研究光学难题和飞行构想做过一定的尝试。但是除此之外，他就没再做过什么。1516 年，这位年迈的艺术家接受了法国国王弗朗索瓦一世的盛情邀请，离开意大利另谋生计。

■ 列奥纳多在法国

　　列奥纳多住在弗朗索瓦一世提供的克洛斯庄园的宅第内，重新安下心来继续自己喜欢的科学事业。不幸的是，一次重击导致他的右手几乎残废，工作也因此放慢了进度。所幸国王并未要求从他做出什么实质性的成果。列奥纳多要做的，只是为节日和戏剧制订方案和为玩具设计模型，比如，启动后会从胸口冒出百合花的机械狮子等。显而易见，这位法国君主是列奥纳多虔诚的崇拜者，真心希望把他留在身边。他还在自己的城堡和列奥纳多的住所之间挖掘了一条隧道，可怜的列奥纳多就这样常常在思考中被国王的突然造访打断。

　　1519 年 4 月 23 日，一代巨匠列奥纳多在克洛斯庄园安静地离开了世界，死后被安葬于圣佛洛朗坦大教堂（这座教堂在法国革命中被毁，列奥纳多的遗体也不知所踪）。他的学生法兰契斯科·梅尔兹在他辞世后悲痛不已，曾在克洛斯庄园内停留数月，整理老师生前遗物，其中包括 13 000 页珍贵的笔记。此后，他用手推车运载着满满的物品离开伤心地，回到了意大利的瓦普里欧。他毕生都小心翼翼地珍藏着老师的遗物，临死前还嘱咐儿子奥拉齐奥妥善保管。

　　奥拉齐奥对列奥纳多的笔记毫无兴趣，他甚至把一些笔记丢弃在阁楼的碗橱里，把另一些送给了别人。列奥纳多的笔记这才得以重见天日，逐渐流传开来。收藏家们从四面八方向瓦普里欧涌来，争相阅读列奥纳多的笔记，记事本的纸张也散落到不同人的手上。如今，这些宝贵的资料有的静静地躺在博物馆里，有的则被收藏家独占，如著名的《达·芬奇莱斯特律典》被微软公司的创建者比尔·盖茨以3000万美元买下，内容大概占原稿的一半左右。

列奥纳多的飞行器

列奥纳多的记事本中记录了大量令世人惊讶的发明——钟表、印刷术、钻孔机、救生服、汽车和军用坦克等。其中，最引人注目的便是飞行器。

列奥纳多认为，人类和动物的身体结构一样，都可以被看作是简单的有机结构的机器。这种观点在引导他孜孜不倦地研究解剖学的同时，促进了许多发明设想的诞生。通过观察鸟儿的飞行，列奥纳多认定制造飞行器是完全可行的。他在文中写道："鸟类只不过是依照自然法则形成的精妙装置，既然如此，人类也可以重塑这样的机器。"

列奥纳多对飞行器的第一个构想是扑翼飞机，依靠机翼拍打而促其腾空。1487年，他勾画了一个扑翼飞机的原始草图。按照他的想法，飞行员坐在驾驶室中，双脚踏在底部的镫脚上，通过踩踏板控制机翼的扇动状态。几年后，他又为草图增加了升降机和方向舵，以控制飞机的升降和行驶方向。在现在看来，这是一个非常有意思的想法。

然而，由于人类的肌肉力量不如鸟类发达，扑翼飞机是飞不起来的。或许列奥纳多也认识到了这一点，他很快就放弃了依靠机翼扑打来实现飞翔的念头，转而开始研究滑翔机。为了进一步了解飞翔和气流的关系，他仔细研究了鸟类的飞行情况和落叶的飘落状态，从而发明了世界上第一个风速计。

在生命的最后10年中，列奥纳多又绘制了一幅具备控制系统的滑翔机草图，这与现代的悬挂式滑翔机非常接近。他在笔记本中写道："只要（飞行员）弯曲机翼右臂并伸开左臂，就能使飞行方向从右侧转向左侧。也就是说，他可以通过更改机翼的位置掌控飞行方向。"后人使用了各种材料来制造飞行器，遵循他的构想做了无数尝试。直到1903年，莱特兄弟通过多次试验，证明了列奥纳多式的滑翔机不仅可以飞行，而且还能在空中自如地控制飞行方向。

列奥纳多还敏锐地意识到，依靠机翼并不是唯一的飞行方法。他设计了一种直升机，可以垂直攀升到空中，他还在直升机下方悬挂了一个供人们站立的平台。与现代直升机不一样的是，它没有旋翼桨叶，但是他设计了一个螺旋桨，可以让直升机在空气中抬升。带有旋翼的直升机玩具已经流行了好几个世纪，但是，列奥纳多是尝试并设计载人直升机的第一人。

列奥纳多在研究飞翔时已经清楚地认识到，空气具备足够的浮力承载机翼。于是，他根据带桨船只在水中航行的原理，又设计出这样一种带螺旋桨的滑翔机，幻想飞行员可以在空中任意"航行"。尽管没能将美梦付诸实践，但至少他超前若干个世纪掌握了螺旋桨和旋转机翼的原理，这在当时是非常了不起的。

列奥纳多与解剖学

在列奥纳多的众多科研成果中，解剖学对后世科学的影响最大。当大多数医生为了了解人体结构，还埋头苦读公元2世纪的名医盖伦的医书时，列奥纳多却选择通过解剖尸体找寻真理。实际上，当时有不少画家为

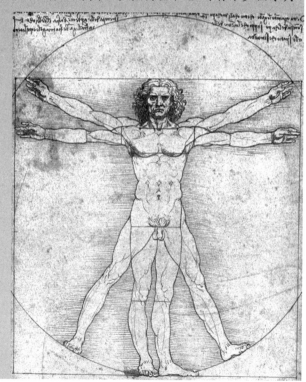

了更好地掌握人体结构，也在不同程度地进行了解剖尸体的尝试。例如安东尼·本尼维尼，当列奥纳多在佛罗伦萨时，这位当地的画家就根据自己的解剖实践出版了一部相关的著作。

不同的是，列奥纳多比所有人都更为勤奋。他独自解剖了30多具尸体，并设计了不少实验研究人体各部分的功能。他还解剖过许多动物，如狗熊、母牛、狐狸、猴子和鸟类

等，并将这些动物的结构和人体进行比较。高超的技巧和严谨的态度，使得列奥纳多创造出了堪称人类历史上最完美的手绘解剖图。为了展现人体结构的不同层次，他还发明了一种绘画方法——"剖面法"，并被沿用至今。他的绘画能表现出人体肌肉的三维结构，并从不同角度描绘出各个器官，如今这已经被计算机模拟所代替。

最让列奥纳多感兴趣的是眼睛的结构，他着迷于探索大脑和眼睛的功能之间的联系。他大概是第一个观察视神经如何连接眼球和大脑，并传达讯息到大脑的解剖学家。他甚至还可能是首位发现神经系统是如何将大脑和肌肉联系起来的解剖学家。这些内容在盖伦的医书中均未涉及。

在对肌肉的研究中，列奥纳多在艺术和科学上的造诣达到了完美的融合。他精准地观察到了人体做不同动作时肌肉的变化情况，以及人类做出微笑、皱眉等不同神态时面部肌肉的不同状态。

尼古拉斯·哥白尼

尼古拉斯·哥白尼（1473～1543年）是16世纪波兰的牧师和天文学家，他对地心说提出质疑，并创立了日心说。

1473～1543年

哥白尼出生的时代正是欧洲文艺复兴逐渐繁荣的时期。古希腊和古罗马的经典言论和著作源源不断地从阿拉伯传到欧洲各地，各国思想家们也在从中吸取精华，不断扩充自己的理论。此时，古罗马学者托勒密的巨著《天文学大成》（又名《至大论》）也随之传到各地，其中的宇宙模型得到了广泛的认可。该模型的基本理论如下：地球静止不动地停在宇宙中心，外围环绕着一个看不见的、以地球为核心的水晶球型薄层，而太阳、月球、行星和恒星都分布在这个水晶球内的圆形轨道上。除了恒星外，每个星体都有一个自己独立运行的轨道。

令人遗憾的是，经观察，该系统中唯有恒星的运动轨道符合圆形假设。托勒密为了解释这个现象，引入了两个观点：一是本轮概念，二是等分机理。由此在保证原有假设成立的前提下解释了行星的轨道为什么不是完美的圆形。本轮概念指的是每个星体的小轨道呈"轮轮嵌套"的情况；等分机理则解释了月亮和行星的球心均有微小的偏移地球中心的现象，为区别于地球中心，它们的实际球心被称为等分点。

托勒密地心体系提出的"水晶球"宇宙模型非常实用，它可以帮助天文学家精准地预测太阳，月亮以及当时发现的其他五大行星的运动规律，如水星、金星、火星、木星和土星。15世纪90年代，也就是哥白尼二十几岁时，德国天文学家约翰内斯·缪勒（拉丁文译名"雷纪奥蒙坦"）出版了一本关于托勒密《天文学大成》的摘要，学术界称之为《概要》。在《概要》中，雷纪奥蒙坦指出了托勒密地心体系的唯一缺陷：倘若真如书中所说，月亮球心存在偏移，那么当它运动到离地球较近的轨道时，看起来就会比原来大一些，反之则会小一些。然而，问题在于，实际观测结果并非如此。

年轻的哥白尼牧师还发现了"水晶球"模型的另一个缺陷，即该理论的体系太过繁冗复杂，这使得一贯坚持简洁的哥白尼对"地心说"产生了怀疑。他进一步发现，如果把宇宙中心从地球转移到太阳，那么唯一亟待解决的问题就是解释月亮围绕地球旋转的天文现象。尽管作为客观事实的"日心说"（太阳为中心的体系）具有明显的优势，但直到一个多世纪后它才被世人熟知，而人们真正接受它则花费了更长的时间。

■ 米科拉·哥白尼

1473 年 2 月 19 日，哥白尼出生于波兰北部维斯瓦河畔的小城托伦。他的原名为米科拉·哥白尼，到后来他才使用了拉丁文名字尼古拉斯·哥白尼。哥白尼的父亲是一名富商，在他 10 岁时就逝世了，小哥白尼是舅舅卢卡斯·瓦赞尔罗一手带大的。卢卡斯·瓦赞尔罗是主教，他给哥白尼安排了以教会内容为主的课程，希望外甥将来和自己一样可以在教廷觅得一官半职。

20 岁时，哥白尼来到了克拉科夫大学进修艺术，课程包括占星学和天文学。1496 年，他赴意大利博洛尼亚大学求学。在这里，他遇到了对自己一生产生深远影响的占星学家和天文学家福雷朗西斯，他请哥白尼在家中小坐，并向他推荐了雷纪奥蒙坦的《概要》一书。在这位学者的谆谆教诲下，哥白尼坚定了将一生奉献给天文学的决心。1497 年，哥白尼在博洛尼亚第一次观察到了月食现象。

1503 年，哥白尼拿到了教会法博士学位，此时他已经在天文学方面打下坚实的基础，并着手准备研究"日心说"的可能性。他的舅舅为他在波兰的弗龙堡教堂谋了个教士职位，这份工作轻松悠闲，正好为他的天文学研究及其他兼职工作腾出了不少时间。例如，他的医术高明，并在社区担任医生。他还是近代第一个提出劣币淘汰良币理论的经济学家。1519 年，条顿骑士团来犯，哥白尼被要求参军以抵挡敌人的进攻，保卫艾伦斯坦城堡。

■ 提出伟大的观点

闲暇之余，哥白尼利用职务之便继续探索他的天文王国。他把大多数成果都装在脑袋里或记在笔记本上，但有时他还会爬上弗龙堡、艾伦斯坦城堡和海尔斯堡的教堂的屋顶凝望夜空。不过和后来的科学家不同的是，他不喜欢通过观察或实验方式证明自己的观点。

1514 年，哥白尼完成了一本名为《浅说》（又名《天体运动假说》）的著作，这本书叙述了哥白尼关于天体运动学说的基本思想。他少量印刷了《浅说》，并分发给自己的朋友阅读。哥白尼在《浅说》中指出，地球是围绕太阳运动的，恒星距离地球非常遥远，并解释了一系列诸如行星逆行现象之类的天文现象。在托勒密地心体系中，行星逆行现象被解释为轨道之间的迁移，他还引入了"本轮"（指的是以地球为圆心的许多同心圆）的概念，使整个解释过程非常精妙。如果我们设定太阳是宇宙的中心，而地球和行星围绕太阳运动，就可以很容易给出解释，所谓的逆行运动只是由于地球的运动致使我们的观察角度随之变化才产生的错觉。

除此之外，哥白尼还推导出，行星围绕太阳运动的周期和它与太阳之间的距离成正比的关系。如水星距离太阳最近，运动周期是 88 天；金星周期为 225 天；地球周期是 1 年；火星是 1.9 年；木星是 12 年；而土星则需要 30 年。有了这些数据，排列各大行星与太阳的距离就变得很方便了。

■ 保持缄默

哥白尼在《浅说》中表达了他决定将"日心说"理论的研究全面深化的想法，他这样写道，"简单来说，为了得到更全面的研究成果，我打算暂时省略数学例证的步骤。"他笔下所谓的"更全面的研究成果"就是后来的巨著《天体运行论》，然而这部著作却在 26 年后方才出版面世，此时哥白尼已处于弥留之际。之所以耽搁这么久，是因为哥白尼深知当时宗教压迫的严酷，深恐公开出版这样的学说会招致教廷的迫害。也有人推测，是因为哥白尼对自己的理论还不够满意，想要进一步修正它。

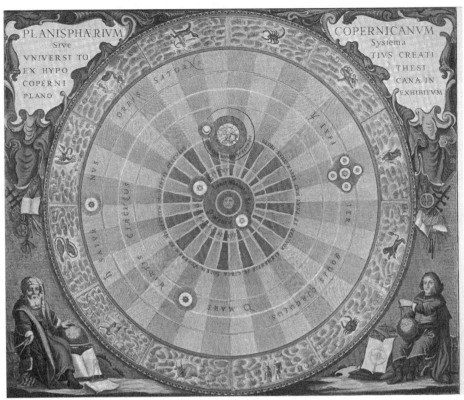

↑图为哥白尼描绘的天体运行图，这是以太阳为中心的行星系统。现在这已得到广泛承认，但在哥白尼所处的时代却是一次科学史上的巨大革命。

■ 勇敢的年轻人

无论真相如何，最终说服哥白尼完成《天体运行论》的功臣是他的学生，这个学生名叫乔尔格·冯·劳肯（又名雷迪卡斯），是来自德国威登堡大学的数学教授。雷迪卡斯来到波兰的弗龙堡，师从哥白尼学习天文知识，他无意中发现了老师突破性的卓越见解后，就极力劝说哥白尼把这些观点整理后公之于世。

1540 年，雷迪卡斯出版丛书引言。《天体运行论》的第一卷是全套书的精华，它阐述了日心学说的各种论据。整件事看起来就像是一出戏：1541 年 6 月 9 日，雷迪卡斯在给朋友的信中写道，他"已经彻底说服哥白尼，将会出版老师的著作"。《天体运行论》终稿于当年 8 月完成，雷迪卡斯联系德国纽伦堡一位有名的出版商约翰尼·皮尔斯确定了相关出版事宜，并中途把监督出版过程的重担交给了路德教会的奥西安德尔。

奥西安德尔或许是出于好意，擅自杜撰了一篇前言，声称书中的理论不一定代表行星在太空中的真实运动，只不过是为了编算星历表和预测行星位置而提出的一种人为假设。他甚至还修改了书名，使得它的主题看起来比较不确定。很明显，奥西安德尔非常担心这部书出版后可能会引来的不良后果。当雷迪卡斯惊讶地发觉书中文字被改动时，他愤怒地在书上画上了大大的红叉。

人们无法知道，哥白尼发现奥西安德尔做的变动时会有什么样的反应。1543 年，他在书出版后不久就中风逝世了。传说当哥白尼因中风躺在病榻上无法动弹，人们趁他短暂清醒时送来了刚出版的新书，一位年届古稀的老人抚摸着自己的毕生心血安然逝去，我们都衷心地希望这是一个真实的故事。

运动的地球

奥西安德尔的举动是否避免了一场灾祸，现在已经无从知晓。唯一可以肯定的是，最初这本书几乎无人问津，初版的 400 本书剩下了不少，而且各大教堂也没有要将哥白尼的著作焚毁的意思。事实上，唯有奥西安德尔在杞人忧天并刻意维护。很可能当时几乎没有人会对哥白尼所坚持的观点感兴趣，而那些真正了解其精髓的学者都选择三缄其口，从而避免了一场灾祸。

英国天文学家托马斯·狄更斯就是拥护哥白尼学说的学者之一。1576 年，他出版了第一部有关哥白尼日心体系的英语解析论著，并指出太阳系周围的宇宙空间是无限的，其中布满了无数个星体。

著名的丹麦天文学家第谷·布拉赫（1546～1601 年）起初并不同意哥白尼的学说，但他所做的精确观测却使自己的观点逐渐偏向于哥白尼的论点。比如他曾经观测到一颗超新星，并于 1572 年证实它并非如教会和托勒密所言的是无序或是无变化的。

第谷无法接受哥白尼日心体系的原因之一，在于第谷的观测实在是太细致了，而现代科学证明哥白尼的学说确有其不符合事实之处。关于这一点，我们就要说到第谷的助手约翰·开普勒（1571～1630 年），开普勒和第谷的不同点在于他完全接受了哥白尼学说，更令人叹为观止的是他高超的数学运算技巧。通过反复精准的计算，他终于找到了将第谷的观察结果和哥白尼的日心体系相融合的方法。开普勒发现，如果行星和地球的运行轨道不是圆形而是椭圆形的，那么哥白尼学说就能完美地解释那些现象了。

开普勒的观点于 1619 年被整理成册出版发行，书名为《宇宙和谐论》。当时的另一位天文学家乔达诺·布鲁诺（1548～1600 年）却遭到火刑的噩运。由于他是哥白尼学说的坚定捍卫者，同时他坚信狄更斯的观点，认为宇宙不仅是无限的，还是物质的，这一切招致了罗马教廷的愤怒和制裁。最终，他为"危险的天文学观念"付出了沉重的代价。实际上，是宗教法庭给他套上"亵渎神明"的阿里乌派信徒的罪名，并控诉他使用"巫术"，而处死他的。

与此同时，天主教会开始对这场新教派革命进行大规模的迫害。1610年，伽利略用自制的望远镜观察宇宙，为证实哥白尼的学说找到了确凿的证据：他发现木星有 4 个卫星，金星有盈亏现象等。就在这时，欧洲的天主教中心佛罗伦萨教会开始行动起来，他们将伽利略投进了监狱。

1616 年，即《天体运行论》出版 73 周年后，天主教会对该书下了禁令。同年，罗马的红衣主教把伽利略召来，严禁他继续发表和哥白尼的学说有关的言论。然而，伽利略仍然坚持己见，于是教会以酷刑相胁迫，在教会的长期压制下伽利略最终"放弃了"自己的观点。这场由哥白尼的学说引起的革命席卷了整个欧洲，直到整整 200 年后，天主教会才解除了对《天体运行论》的禁令。

安德烈·维萨里

在这个世界上，没有什么东西比自己的身体与我们的关系更为密切的了。然而，人类对自身的了解，却比对地球的认识落后许多。比利时医生安德烈·维萨里（1514～1564年）是人体解剖学的奠基人，他的巨著《人体构造》对人类解剖学作出了极其重要的贡献。

1514 ～ 1564 年

维萨里生活在 16 世纪初期，在此之前，人们对于人体结构的了解几乎都建立在盲目的信仰和猜测上，直接的实践解剖经验少之又少。值得注意的是，维萨里时代的医学学生并非通过研究尸体学习解剖知识，而是通过研读罗马医学家盖伦（约公元 129～216 年）的医书进行学习的。如果是在教学上相对开明的课堂中，学生们还会被安排集体观摩理发师（当时手术操作由于污秽而受到轻视，一般的外科手术和尸体解剖都由理发师进行）解剖尸体的过程，但他们自己却从不动手。因此，当时的医学学生的学习过程便是：埋头于盖伦医书的书本知识，同时远远地观看解剖过程。

不可否认，伟大的盖伦堪称医学领域的权威，他生前以医术精湛著称，甚至被认为是古代医术最为高超的医生。但另一方面，他对解剖学方面的认识却比较薄弱。人们对此却视若不见，直到多年后维萨里的出现，盖伦的某些医学结论才开始受到质疑。

解剖学之所以形成停滞不前的局面，其原因之一是当时禁止对尸体进行解剖。14 世纪时，波洛尼亚医生蒙迪诺·德·卢齐首开解剖人类尸体的先河，但由于盖伦对他的影响极深，他并未发现前人书中很多严重的错误，结果还是把盖伦的不少言论纳入到了自己的解剖学著作中。

维萨里的伟大之处在于他打破了两项禁忌：首先，他敢于向 1300 年之前的医学界权威盖仑提出质疑；其次，他通过事实说话，不仅亲手解剖尸体，直接从实践中寻求真理，还鼓励自己的学生也这么做。维萨里把所有的实践知识整理后，编著了这部解剖学巨著《人体构造》，成为当代医学的基石。

■ 年轻的维萨里

1514 年，维萨里出生在比利时布鲁塞尔的一个医学世家。父亲是神圣罗马帝国皇帝查理五世的药剂师，祖父也是一名宫廷御医，所以他从小就立志效仿父辈，成为一名医师。小小的维萨里是一个意志坚定、有恒心的孩子，一直在为自己的理想而奋斗。十几岁时，维萨里前往比利时首都布鲁塞尔的鲁汶大学学习。在此期间，他对解剖学产生了浓厚的兴趣。年仅 16 岁的他就开始在午夜偷盗被绞死的犯人尸体并自己动手解剖，他甚至还要求法官在他有时间进行解剖实验的日子执行绞刑。

不久，他的盗尸行径越来越无所顾忌。1533 年，维萨里前往巴黎求学。他常常半夜偷偷溜到坟场翻寻刚刚送来的尸骸，或是跑到穷人的墓地翻找，甚至有时还从野狗嘴里抢夺尸体。更令人难以置信的是，他居然还偷偷把尸体运回家中的卧室，秘密地进行他的解剖工作。而每当他把实验品送回原处时，它们散发出的阵阵恶臭往往令人作呕。

维萨里对解剖学孜孜不倦的求索精神终于得到了回报，在巴黎求学时，他受到了欧洲著名解剖学家雅各布·赛拉维斯和约翰·吉恩特的垂青，恰好两位学者都是他就读学校的教师。一年以后，年方 23 岁的维萨里顺利毕业，来到意大利的帕多瓦大学讲授外科学和解剖学。帕多瓦大学在医学方面的造诣极高，当时在全世界都很有声望。

■ 维萨里在帕多瓦

和当时的许多学者一样，维萨里仍然以盖伦的书本为标准教材讲授知识，但他摒弃了以理发师演示作为实践解剖过程的旧习俗，取而代之的是由自己边讲授边动手解剖。维萨里坚持认为，要真正了解人体内部结构，必须亲身体验解剖尸体的过程。这个革新的观念促使他不断探索和实践，从而使他发现盖伦的理论并非完全正确。

1538 年，维萨里在大画家铁沁（16 世纪）的画室里找到了画家的弟子约翰·斯蒂芬斯·卡尔卡，请他帮忙绘制给学生当范本的六版解剖素描图，也就是后来的《解剖图谱六种》，其中 3 幅描述人体骨骼的情况，另外 3 幅则分别为：心脏附近的门静脉图示；心脏及所有静脉流动图例；心脏和所有动脉流动图例。这是石破天惊的一次大创新，在此之前几乎没有任何一本解剖学类的书籍包含如此细致的图示。他的导师赛拉维斯则对此异常气愤，认为这会误导学生，并且降低教学水平。更令赛拉维斯感到无法接受的是，维萨里不但发现了盖伦医书中细节上的重大错误，而且在版图中一一给出了修正。

《解剖图谱六种》的出版在医学界引起了轩然大波，维萨里却很快凭借这本著作在学生中获得了极高的声誉。作为一名在解剖学方面收获颇丰的解剖学家，他的声名与日俱增。《解剖图谱六种》的初战告捷，令维萨里信心大增，他决定着手进行一项梦想中的浩大工程——在解剖实践的基础上，编写有史以来第一部全面精确论述人类解剖知识、配图精美的解剖学巨著。

维萨里找来约翰·斯蒂芬斯等技艺高超的艺术家，在阿尔卑斯山花费整整 4 年的光阴，终于齐心协力完成了这部举世闻名的杰作的初稿。一切就绪后，维萨里不惧路途遥远，把手稿寄给了在瑞士巴塞尔的、以印刷技术闻名遐迩的出版商约翰·奥普里特斯。虽说这位出版商用的印刷纸张是最好的，印刷技艺也无人能及，但维萨里还是对这本凝聚着毕生心血的书本放不下心，为了保证最终出版的书籍品质好、无错印，他驾车翻山越岭，到达巴塞尔亲自监督书本的整个印刷过程。

1543 年，年仅 29 岁的维萨里出版了名著《人体构造》一书，书中配有 200 多幅美轮美奂的手绘插图。他将书籍用紫色丝绸包裹后，作为礼物献给了英国国王查理五世。国王翻阅后被维萨里出众的才华深深折服，几个月后就把维萨里请到身边担任自己的御用医生。

■ 皇室御医生涯

短短一年间，维萨里对知识的渴求热情似乎渐渐消退了，他终于达到了成为宫廷官员的心愿，很快完全放弃了原来的学术工作，安心做一名医术精湛但行事保守的医生。很快，他与一位名叫安妮·范哈尼的巴塞尔姑娘结了婚，第二年就有了女儿，并同样取名为安妮。

维萨里后来曾经私下向熟人表示，他之所以放弃继续学术研究活动，部分原因是他的《人体构造》遭到了某些恶毒的批评，他甚至觉得这些批判"在噬咬我的心灵"。为了不再直面这样的打击，维萨里决定一直待在"远离研究的美好生活"的宫廷内，并且说"除非我真的很迫切地想要写书，否则我再也不会出版著作"。

尽管维萨里放弃了研究工作，但这并不妨碍他成为一名全欧洲医术最高明的医生。1559 年，法国国王亨利二世在一次马术比赛中被长矛击伤了头部，身边的御医绞尽脑汁，却一个个束手无策，于是大臣们就把维萨里请到法国帮忙诊治。当他细细检查国王的伤势后，很快就向众人表明了自己爱莫能助的心情。为了平息宫廷内惶惶不安的躁动情绪，他还宣称国王已时日无多，将不久于人世。10 天后，在没有接受任何医治的情况下，国王安然去世。维萨里在验尸时用事实向群臣交代了国王无药可救的缘由：长矛严重损伤了亨利二世大脑的主要部分。

3 年后，卡洛斯阁下（西班牙皇太子）为了偷窥一眼皇室守卫的美丽女儿，急匆匆跑上楼梯却不慎摔破了脑袋。皇太子的病情一度恶化，于是维萨里又被召到宫中。抵达西班牙首都马德里后，他认真检查了太子的伤情，发现这一回的情况与上次完全不同。当时几乎所有人都以为卡洛斯太子撑不住了，而维萨里的治疗却使病情得到了控制，几个月后太子便康复如初。西班牙国王菲利普二世欣喜若狂，并以为这是 13 世纪托钵修会迪戈修士的木乃伊显灵之故：因为在皇太子昏迷不醒时，这具尸身曾被放在他儿子的身边。无论如何，此时的维萨里已经被万民认为是"在世神医"。

1564 年，维萨里前往巴勒斯坦圣地朝圣。其中的原因有很多版本，一种说法是，他在帕多瓦解剖一个年轻贵族的尸体时，惊愕地发现这具"死尸"居然还有呼吸，但由于当时解剖已经过半，回天乏术了。这个噩梦纠缠了维萨里很久，令他痛苦不已，因此他决定去圣地忏悔自己的无心之过。无论真相如何，在这次前往耶路撒冷的途中，维萨里乘坐的海船遇难，一代名医就这样匆匆离开了人世，享年 50 岁。

■ 维萨里的《人体构造》

《人体构造》无疑是维萨里所处时代最宏伟的医学巨著，书长 42 厘米，宽28厘米，总共达700多页。该书不仅内容丰富，而且制作精美、图文并茂，其中的200幅插图堪称史上第一版最完整到位的人体解剖图解。书中的

关于《人体构造》

维萨里的著作全名为《人体构造七卷》，由于总共有7个部分组成而得名。

在第一卷中，维萨里指出了人体骨架的重要性。人体骨骼在支撑身体和支持运动方面起着至关重要的作用，而在此之前还没有人意识到这一点。维萨里在第一卷中通篇专门论述人体骨骼，配图精美细致、栩栩如生。这卷书的最后，用3大页纸分别从3个不同角度描绘了骨骼系统，其一是悬挂在绞刑架上的骨架，另一具则是斜靠着桌子在研读解剖学。

第二卷论述人体肌肉，其图例之精美丝毫不逊色于第一卷。第三到第七卷的制作不像前两卷那么华美，但图文并茂，仍然堪称完美之作。第三卷论述了静脉和动脉系统；第四卷论述神经系统；第五卷介绍了人体腹腔的主要内脏器官；第六卷叙述了胸腔的内脏器官，主要有心脏和肺等；第七卷则描述了大脑的组织构造。

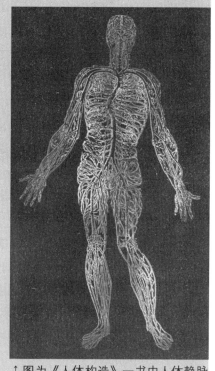

↑图为《人体构造》一书中人体静脉系统的彩色雕版图。

《人体构造》是一部解剖学的专著，为了学生学习方便，维萨里同时又出版了它的浓缩版《节录》。医学学生们在学习《节录》时，进一步体会到了老师维萨里精湛的解剖技术和知识。

人体骨架图不但给出了平面图示，而且还从各个角度进行了栩栩如生地描绘，充分体现了众多著名绘画家高水平的画艺。

　　然而，无论是美轮美奂的制作工艺，还是包罗万象的医学内容，都不足以使《人体构造》成为科学历史上最经典的著作之一。真正令巨著《人体构造》流芳百世的，是它对人体细致入微和准确到位的描绘，以及在贯穿解剖过程始终坚持还事物本来面目、去伪存真的求真精神。在此之前，从未有人在解剖方面做过如此精确的探索和整理工作。书中错误极少，虽然加布里埃尔·法勒普、巴特勒梅·尤斯坦希斯、里尔多·科隆博等人在研读了该著作后，很快就有了各自新的发现，但它列举的所有主要观点都是完全正确的，彻底结束了几千年来人们对人体构造的混沌认识。

　　《人体构造》的面世，特别是它强调的亲自解剖究竟具有多大的革新意义，只需看看它如何被批判得体无完肤，就可以明白它当时处境的尴尬。一个典型的例子就是维萨里的巴黎导师雅各布·赛拉维斯的激烈反应，他在一封致查理五世的公开信中这样写道："尊敬的皇上，我恳求您严厉地惩罚他，这是他应得的。这个怪胎在他自己的房子里诞生和成长，是个愚昧无知、忘恩负义、傲慢自大的不孝学生，请您尽快压制他日益猖獗的古怪行为，以免这些可怕行径为我们欧洲大陆带来灭顶之灾。"

　　然而，《人体构造》迅速冲破了这些尖刻的闲言碎语的包围，获得了巨大的成功。10年之内，任何一名研修解剖学的医学生不仅需要学习维萨里编写的课本，还必须亲手解剖尸体后才能通过考核。

　　维萨里的巨大贡献激励了许多医生亲自动手进行解剖实验，人体解剖学作为医学的一个分支学科也随之逐渐建立起来。在此之后，科学家们花了一个多世纪研究人体解剖，并进一步探索人体内部器官和组织的运动机理，进而发展了生理学等各个医学分支学科，为当今发达的医学技术奠定了坚实的基础。

伽利略·伽利雷

伽利略·伽利雷（1564～1642年）是现代史上第一位功勋卓著的科学家。他毕生的理念是建立对客观物理现象的实验研究，其成果为17世纪的科学革命奠定了坚实基础。然而，伽利略在科学上的极高造诣却使他成为罗马天主教会的头号敌人。

1564 ～ 1642 年

伽利略是一位才智超群的学者，一生开创了科学史上无数个"第一"，其中的任何一项都足以令他名垂青史。首先，他是一位拥有众多著名发明的天才型发明家，其中最出色的当属计时的钟摆，后人由此制造出世界上第一台精准的时钟；另一项重大发明是温度计。此外，他还发明了用来研究投掷物轨迹的尺规。相传，他还自制了第一台天文望远镜。

尽管他在发明技术上作出了无数贡献，不过他的首要身份仍然是科学家。例如，他发明了望远镜并将它用于科研工作，极具前瞻性地利用望远镜观察夜空并取得了大量成果，这些发现成果包括：月球表面凹凸不平；木星的4个卫星（现称伽利略卫星）；金星盈亏现象；太阳黑子等。他用实验证实了哥白尼的"日心说"，从而彻底否定了统治千余年的亚里士多德和托勒密的"地心说"。正是因为这一点，他和当时的罗马天主教会发生了严重冲突，后者坚信静止的地球是宇宙的中心，并认定托勒密的地心体系神圣不可侵犯。

伽利略一生最大的成就在于他运用科学的方法研究物质运动，并为现代物理学奠定了基础。2 000多年以来，人们对自己身边的客观现象视而不见，却对亚里士多德所说的物体运动规律深信不疑，如物体下落的起因、物体静和动的成因、物体运动快慢的原因等。伽利略推翻了亚里士多德的"经典"理论，为半个世纪后牛顿研究物体间相互作用、运动和万有引力现象铺平了道路。

伽利略非常重视实证，即观察和实验的有力证据，他在纠正亚里士多德的学说错误之处后，举一反三将新学说发展起来。伽利略在科学道路上并不孤单，英国思想家弗朗西斯·培根便是这些新学说的创始人之一。然而伽利略更胜一筹，他把理论应用于实践，并强有力地推动了科学的发展。"现代科学之父"的称号他当之无愧。

■ 年轻的伽利略

1564年2月15日，伽利略·伽利雷出生于意大利西海岸的比萨，父亲凡山佐原籍佛罗伦萨，出身于没落的贵族名门。凡山佐是一位颇有才华的音乐家，但是个性独立并且孤傲好胜，小伽利略从父亲身上遗传了一头火红的头发。

10岁时，伽利略被送到巴伦布莎修道院修行，他很快就融入修道院清静的生活中。所幸的是，父亲凡山佐唯恐伽利略一辈子都会披着僧侣服过着清苦的修道士生活，于是便在儿子14岁时把他从修道院接回家中。伽利略在佛罗伦萨求学几年后，父亲又把他送到比萨大学主修医学。

伽利略在年轻时便表现出超常的智力，并很快就在学术上超越了导师。伽利略因为看不惯老师荒谬的科学态度，在听课时常常直言不讳地和授课老师进行辩论，并对亚里士多德的某些观点提出质疑。伽利略提出，既然大大小小的冰雹会在同一时间掉落，为什么亚里士多德还说重的物体比轻的下落速度快呢？授课老师解释为或许是较重的物体从更高处落下的，伽利略则对此表示怀疑。凡山佐逐渐认识到自己的儿子永远也不会在权威面前保持沉默。

伽利略学习数学的过程中拜读了古希腊数学家欧几里得的著作，发现这位伟人极力强调实测和数据在建立理论中的重要性，这对伽利略的科研态度产生了巨大的影响。他惊讶地发现，与欧几里得同时代的阿基米德等数学巨匠早已把理论联系实际的方法应用到科学研究，并作出了不少成就。"这些思想的光辉，"伽利略写道，"使其余一切理念为之失色。"

■ 研究数学

为了让伽利略接受更良好的教育，凡山佐请来了佛罗伦萨杰出的宫廷数学家欧斯迪罗·里奇，请欧斯迪罗系统地教授儿子数学知识，而伽利略出色的才华很快就让这位导师倍感欣喜。伽利略出众的创造力在青年时期已经初露端倪。有一个故事是这样的：某星期日，伽利略坐在比萨的大天主教堂里听一次沉闷的布道宣讲，百无聊赖的他凝视着一盏摇摆的吊灯以打发时间。突然灵光一闪，他意识到无论吊灯摇摆的幅度多大，其往复运动的频率始终恒定不变。伽利略回到家里立即着手设计了一系列简单的实验，通过实验他发现了摇摆的等时性。他又想到应用这个原理设计一个计时器，并把它称为脉搏计，用来测定病人的脉搏。后来发明的摆式钟也是应用了这个原理。

　　21 岁时，伽利略就开始在大学执教数学课程，这份薪水便是他主要的收入来源。起先，他只是为学生私下辅导，到后来就被比萨大学任命为讲师，但是收入依然微薄。1591 年，伽利略的父亲去世。为了养家糊口，伽利略携全家搬到威尼斯并前往待遇较好的波多瓦大学任教，在这里一待就是 18 个年头。他在这所大学是一名引人注目的人物，常常穿着起皱的旧衣服在学校内大步流星地行走，从不穿戴规定的教师制服。就在这里，他邂逅了一位名叫玛丽娜·加布尔的漂亮姑娘，她的名字曾在伽利略的著述《流体力学》中以俚语的形式出现。伽利略和玛丽娜一直没有结婚，也没有生活在一起，但他们却组成了实际意义上的家庭，并生育了 3 个儿女。

　　在传道授业的同时，伽利略一头扎进了科学研究的领域中。当他还在比萨时就编写了《运动》一书，并于 1590 年出版面世，该书分几个章节解释了物体运动的基本原理。

■ 伽利略的望远镜

　　1609 年的夏天，伽利略在去威尼斯旅游途中听说到一件新鲜事：一名荷兰眼镜商偶然发现重叠两块镜片可以看清远处的景物，这位眼镜商受此启发制造了一个"观远镜"。该设备由一根细长的镜筒和两个凹透镜组成，透过观远镜发现远处的教堂塔尖好像被拉近了，仿佛就在对街一样。伽利略被这个东西深深吸引住了，在弄清楚原理后，立即动手制作了一个能放大 10 倍的仪器，并将其命名为望远镜，这项新发明立即风靡了整个欧洲地区。

　　慧眼独具的伽利略很快就意识到望远镜的科学意义。夜里，他通过自创的望远镜观察天空的月球和星体。他发现月亮表面并不平坦，看上去坑坑洼洼、凹凸不平。和地球表面一样，月球上也到处布满了岩石和环形山，有很多断层以及随处可见的蜿蜒曲折的峡谷。接着，他又发现木星并非如前人所料的是孤零零的一颗星球，而是有 4 颗行星环绕着它运转，这让他激动不已。他还观测到由于地球运动而导致金星有类似月球的盈亏现象。诸如此类的重大发现都被收集整理在他 1610 年出版的著作《星宿的使者》中。

■ 伽利略和教会之战

很显然，伽利略在天文学方面的发现在一定程度上支持了 70 年前哥白尼的"日心说"，否定了大多数人认同的"地心说"，虽然他并没有在书中明确地指出这个观点。当他来到佛罗伦萨接受柯西莫·美第奇大公的法院审讯时，伽利略表现出了坚定的科学信念，他坚信哥白尼学说的正确性，并在法庭上严肃地指出"地球上的法则同样适用于宇宙天体"。

当时的学术界依然坚决地拥护托勒密的地心体系，即认为地球是静止不动的宇宙中心，而太阳、月球、各大行星和恒星都环绕着这个中心运动，整个体系看似毫无瑕疵。另一方面，由于《圣经》中宣扬整个天庭都掌握在上帝手中，因

↑伽利略望远镜的复制品，背景是佛罗伦萨的教堂。

此托勒密学说正好可以成为教会强有力的证据。伽利略提出的新理论被当作"异端邪说"，罗马教会以"亵渎上天"的罪名把他送到了宗教裁判所。

伽利略和动力学

古希腊的哲学家们对静力学的研究已经比较深入，例如解释物体静止的原因等。但当涉及动力学问题，或是什么导致物体运动时，他们就一筹莫展了。他们用眼睛看到马车行驶是因为马儿在拖动它，箭射出是由于弓的作用力。但他们却无法解释某些现象，例如为什么在没有外力的作用下，箭仍然能够像有马匹拉动着的车子一样，在空中继续飞行。古希腊著名的思想家亚里士多德曾提出一个"运动教条"：物体要维持其运动状态必须借助外力，正如骑车时，需要踩踏板或推动力才能保持车子前进。

然而，极具智慧的伽利略通过无数实验和观察才指出这个教条是错误的，他设计了一系列"理想实验"（又译"西芒托"），例如使小球从各种角度的斜坡滚下并研究其运动规律。他最终的发现是：物体某种运动状态的维持并不需要外力的驱动，这与所谓的"运动教条"恰好相反。他认为：在没有外力的作用时，物体将一直保持原来的运动状态。这就解释了在没有外力参与下，弓箭能在空中飞行的现象。由于空气阻力和重力的双重作用，它的飞行速度才逐渐减慢并坠落地面，这就是后来的惯性定律。

伽利略一直没有承认"重力"的概念，他始终觉得这个作用力太过神秘，无法找到确实的证据，但他是历史上第一位对惯性进行研究并用实验加以验证的学者。他还发现，物体的匀速运动和静止没有实质性的差别，这两种状态下都没有外力参与，但若要使该运动加快、减慢，或是物体从静止到运动则需要外力的作用。

接着，他又在小车上加减砝码研究其运动情况，从中发现了第二个重要理论，即关于加速度的概念和物体加速原因的理论。实验中，他发现物体在加速运动时，其加速度与物体所受外力和物体本身质量有关。外力越大或质量越轻，则加速度越大；反之，则加速度越小。

伽利略的这些发现凝聚了人类智慧的结晶。46年后，牛顿在《自然哲学的数学原理》（简称《原理》）一书中提出牛顿运动三定律，其中的前两条定律与伽利略的研究成果极为相似；而对于牛顿第三定律——作用力和反作用力定律，伽利略也已经在论文中有所提及。尽管伽利略没有像牛顿一样将自己的观点清晰地用数学方法进行证明和整理分类，但他为现代物理对物体运动的研究做出了卓越的贡献。

异教徒的处境是十分危险的。在伽利略提出新理论被当作"异端邪说"的30年前，意大利天文学家乔达诺·布鲁诺曾因为坚持"日心说"被判处火刑。1616年，伽利略前往罗马城为自己辩护，然而辩护却没有起到任何效果。哥白尼的著作被禁止发售，伽利略则被遣送回佛罗伦萨，并被严厉警告不许再"坚持或维护"哥白尼学说。1624年，罗马教皇乌尔班八世上任，他在处理问题上比前任教皇开明，伽利略得以回到罗马城到处为自己的冤案奔波。乌尔班八世允诺，只要伽利略不再维护哥白尼学说，就准许他著述关于"宇宙系统论"的文章。

↓图中为天主教教会以"散布异端邪说"为由，审判伽利略的情景。伽利略被迫于1633年6月22日放弃了他的观点，随后他被软禁在阿切特里（佛罗伦萨附近）的一座别墅内。1642年，教会拒绝将伽利略的遗体安葬在圣地，直到1992年伽利略才得以沉冤昭雪。

　　接到这个格外开恩的通知，年逾花甲的伽利略立即投入到一部新书的创作中，书名为《关于托勒密和哥白尼两大世界体系的对话》。在这本书

"它们看起来是同时落地的"，伽利略从比萨斜塔上丢下两个重量不同的铅球。图为伽利略在众人注视下演示的著名实验之一，这也可能只是杜撰的传说。

中，他用 3 位学者对话的形式讨论了天文学问题。这 3 个人物分别是：聪明的圣吉拉多（哥白尼学说的拥护者）、愚笨的辛普利西奥（极力维护亚里士多德学说）以及萨尔维亚蒂（两种学说的中立者，但明显地倾向于圣吉拉多）。该书出版后在欧洲各国广受好评。然而阴险的耶稣教会会员却向教皇诬告伽利略，称其书中辛普利西奥的人物原型便是教皇本人。冲动的乌尔班主教大发雷霆，立即派人把伽利略押回罗马。在严厉的教会制度面前，伽利略慑于教会的淫威，不得不低头否决了自己拥护的"地动说"，他被软禁在孤独的别墅里，直到生命的终点。相传他在被押送途中仍不服气地自言自语："它确实是运动的啊。"

在被软禁的岁月里，伽利略不顾自己年岁渐高，拖着羸弱的病体坚持不懈地继续进行科学研究。1637 年，也就是他双目失明的前一年，他通过望远镜又发现，月球存在轴线上的摇摆现象。1642 年 1 月 8 日，伽利略溘然长逝，这一年的冬季，另一位伟大的科学家牛顿在英国出生了。直到 350 年后，罗马教廷才承认在伽利略的案件中"或许有错判"。此时，一场在意大利掀起的科学革命在教会的强烈反对中浩浩荡荡地开展起来，教廷自顾不暇，已经无法分神再顾及伽利略"地动说"理论的争论了。

克里斯蒂安·惠更斯

1629 ～ 1693 年

克里斯蒂安·惠更斯（1629～1693年），17世纪末少数与牛顿齐名的著名科学家之一。他制造了最精确的时钟——摆钟，是土星的行星土卫六的发现者。

惠更斯生活在一个科学研究逐渐兴起的时代，在这场科研的热潮中涌现了无数科学巨匠。牛顿发现了重力和万有引力定律，并和莱布尼兹（著名的数学家）共同创造了微积分学；胡克和列文虎克通过显微镜观察到了神奇的微观世界。而居住在这次革命的中心地（欧洲北部）的惠更斯则站在了这次科学革命的最前端。

惠更斯的少年时代，正是伽利略提出所谓"异端邪说"的时期。在仔细观察太空后，伽利略提出了"宇宙中心并非地球"和"地球是运动的"的言论，罗马天主教会因此对他进行了严厉的指控和判决。事后不久，惠更斯在笔记本中写道："当我们发现，宇宙中存在着其他类似地球的星球可以居住生命体时，人类就不该再自以为是，继续骄傲地宣称地球有多么伟大……"这番惊人的见解，估计是同时代任何一位天文学家都无法提出的。

与同时期的许多科学家一样，惠更斯兴趣广泛、涉猎甚广。比如，他像胡克和列文虎克一样自制了显微镜，并在微观世界中有不少重大的发现；还像牛顿和胡克那样自制了一台高倍率的天文望远镜，其质量和性能高于此前任何一台。借助高性能望远镜，他发现了土星的行星土卫六，并仔细观察了土星表面的星环。他首次发现特殊的星群，并为其命名为猎户座星云。此后，他又发现了其他一些大大小小的星云。

除此之外，还有两项理论的提出使得惠更斯名扬四海。一是他设计了当时最精密的摆钟，这是世界上第一台走时精确的时钟。他还通过相关数学理论推导出了向心力定律，并进一步与胡克一道推导出平方反比定律，说明维持行星运动的万有引力与星体间距离的平方成反比。

另外，惠更斯在著作《光论》（1690）中提出了著名的"惠更斯原理"，建立了光的"波动说"。相比之下，牛顿用光的"微粒说"在解释光的折射和反射现象方面就逊色不少。惠更斯还正确地预测到光在致密物质中传播速度会减慢。然而，他才华的光芒被科学巨人牛顿至高无上的权威地位所掩盖。直到19世纪，光的"波动说"才受到了应有的重视，

英国科学家托马斯·杨通过多次实验证明光具有波动性质。如今，日益发达的科学技术让我们进一步认识到光具有波粒二象性，惠更斯的学说终于得到了应有的承认和尊敬。

■ 我的小阿基米德

惠更斯于1629年4月14日出生于荷兰海牙，幼年时他的家境很富裕。父亲康斯坦丁是荷兰共和国的外交官、诗人、作曲家，热心赞助艺术事业。因此，家中常有各个领域中的顶尖人士来访，包括当时的英国诗人约翰·多恩、画家伦布兰特等，其中最有名的就是当时享誉全国的哲学家和数学家勒内·笛卡儿。

于是，惠更斯就有许多机会接触这些数学、物理、哲学、艺术等各领域的精英学者，再加上他自幼便聪明好学，因此少年时的惠更斯就已经是个出类拔萃的小学者。他在语言、艺术、音乐、法律、工程等方面都很有天赋，

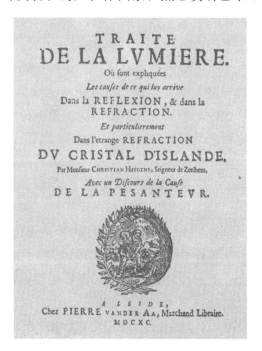

→ 1690年，惠更斯的光学经典著作《光论》问世，图为该书首页。

50

在数学领域的表现尤为出色，父亲康斯坦丁自豪地称他为"我的小阿基米德"。此外，多才多艺的他还是优秀的棋牌高手和桌球高手，并精于骑术，这些造诣已经远远超越了书本知识的范畴。

16岁时，年轻的惠更斯前往莱顿大学求学，进修法律和数学专业。两年后，他转入布雷达大学深造。在与著名法国数学家马林·梅森的通信中，他明确表达了要在科学领域做一番事业的想法。随后，他发表了关于计算圆周长、椭圆弧及双曲线的著作，并在数学界产生了一定的影响。

■ 仰望星空

不久，惠更斯的兴趣转向太空。他开始把大量的精力放在研制和改进光学仪器上，并成功地设计和磨制出了独特的望远镜透镜，其精度和放大率都达到了前所未有的新高度。1655年3月，他利用自制的望远镜发现了土星的行星土卫六。同年，他第一次到巴黎，并在那里认识了不少当时杰出的思想家。

第二年，惠更斯回到荷兰，当他再一次用自制的改良望远镜进行观测时，他终于看清了土星周围的圆环——一个薄而平的圆环。由于地球的运动，这个圆环似乎也在随着观察角度的变化而改变形状。使用普通望远镜的天文学家们由于无法看到这些，于是纷纷对他的研究表示了怀疑。但是随着望远镜制作技术的进步，惠更斯的发现最终得到了认可。在随后的研究中，惠更斯逐渐认识到，要更好地钻研天文学必须有一个精确的计时器，这就是他创造"摆钟"的初衷，这个想法在他著名的作品《摆钟》（1658）中也有提及。

■ 进入上流社会

随着各种新发明的问世，惠更斯声名鹊起。1660年，当他再一次来到巴黎时已经是一个名人了。他拜访了著名的法国数学家布莱斯·帕斯卡（1623～1662年），并逐渐进入由当时最杰出的科学家组成的社交圈子，包括帕斯卡、卡尔加维（法国数学家）、索尔比耶（思想家）等人。惠更斯在给哥哥的信中写道，"每周二都会有二三十名杰出人士参加这个集会，我没有错过任何一次……"。1661年，惠更斯赶到英国参加皇家科学院的

"当我们发现，宇宙中存在着其他类似地球的星球可以居住生命体时，人类就不该再自以为是，继续骄傲地宣称地球有多么伟大……"

成立仪式。在伦敦，他向英国科学家们演示了自制的望远镜，大家都为之惊叹不已。当时，胡克的空气泵和波义耳（英国化学家、物理学家）的验证实验吸引了不少艳羡的目光，惠更斯也被深深地吸引了，他一回去就投入到设计空气泵的实验中。

1663 年，惠更斯当选为英国皇家科学院会员。1666 年，惠更斯当选为法国皇家科学院会员。1672 年，他当选为法国皇家科学院院士，也是当时被科学院接纳的唯一的外国院士。这在当时是许多科学工作者梦寐以求的殊荣。

在巴黎生活工作的 15 年是惠更斯一生在科学上收获最丰硕的时期。在这些日子里，他发展了光学理论；制造了第一台摆钟，并将其改良成一台走时精确并可在轮船上使用的时钟，解决了在船上确定经度的难题；他发明的魔术幻灯机是现代胶片放映机的雏形；他还制造了由黑火药驱动的发动机。据说，他还曾是德国著名数学家莱布尼兹的数学老师。

■ 虚弱的体质

惠更斯一生都体弱多病。1670 年，他自认将不久于人世，便拖着病体返回荷兰。他在病床上请英国大使取来自己的机械论文，称皇家科学院为"基督教徒中的精英人才集会"，并说要卸下自己身上的"未竟工作"，交给科学院的同仁们。不久，惠更斯病情有所好转，便又回到巴黎继续科研工作，然而他的身体却一天比一天虚弱。

1681 年，惠更斯的病情加重，不得不辞去在科学院的职位，回家乡海牙休养。他曾于 1689 年去了一趟伦敦，在那里和牛顿见了面。惠更斯和牛顿彼此惺惺相惜，互相欣赏对方的才能，牛顿还称惠更斯是"当代最优秀的数学家"。但两人在很多研究成果上却无法达成共识，例如牛顿认为光是由无数粒子组成的，而惠更斯则以为光是以波动形式进行传播的。惠更斯始终无法认同牛顿提出的万有引力定律，"我高度欣赏他的分析能力和细致的态度，但我认为他们（指牛顿在内的万有引力定律的研究者）不该在没有实际意义的领域内花费那么多精力，他们研究这门无稽的理论简直是在白费力气。"显然，惠更斯和伽利略一样，也认为重力是一种没有价值、不切实际的作用力。

■ 最后的经典

惠更斯又回到了荷兰，独自一人过着晚年生活，在这个时期他开始思考宇宙的本源。他的思想在著作《宇宙观览者》（全名《宇宙观览者或猜测中的天上世界》）中达到了巅峰，该书淋漓尽致地展现了一代科学伟人的卓越才华。这部书于 1698 年由拉丁文翻译成英文，全名为《被发现的天上世界；或关于行星上的世界的居民、植物和生产的猜测》。

这部宏伟巨著是第一部严肃地对浩瀚宇宙进行论述的科学著作。书中的很多睿智思想流传至今，诸如"宇宙中有无数的太阳，无数的地球"；"每当我们考虑到别的星体离我们多么遥远，体积又是多么庞大时，我们真不知该怀着如何惊讶和虔诚的心情去接受这一事实"等。

↓如图，这是卡西尼号太空船在土星轨道上运行的电脑模拟图。土星最大的一颗卫星土卫六就在左上方。卡西尼号上配备的探测器以发现土卫六的科学家惠更斯的名字命名。

整部书中，最引人注目的便是惠更斯对其他行星上居民思维的猜测：

（一个）叫作哥白尼的家伙把我们的星球当作是一颗行星，和其他地球人一样，他以为太阳只是属于他们自己的生命之源，却不会在某些时候想象在其他行星上也会有和他们一样的生物，穿着类似的服装，使用相似的家具，和我们一样，他们或许就生活在宇宙中的某个角落；也从不设想在木星和土星的卫星被哥白尼发现后，还存在许多未知的类似星体。

这部著作发行后，广受读者好评。而在现实科研中，科学家们整整花了 300 多年，才找到了在地球以外还有其他生命体存在的可能性。

从 1690 年开始，惠更斯的体质便日渐衰弱，没多久就再也无力支撑恹恹病体。1693 年 3 月，惠更斯在故乡海牙溘然长逝，享年 70 岁。《宇宙观览者或猜测中的天上世界》是惠更斯一生中最后的著作，这部书在他死后才出版问世。

惠更斯和时间

伽利略第一个发现了摆的等时性，为后来摆钟的发明打下了基础。惠更斯成功地借用这个理论，发明了擒纵轮。他率先把钟摆和发条引入到机械钟内以维持摆钟的正常工作，在他 1658 年所著的《摆钟》里详细解释了相关原理。

在此之前，使用钟摆和发条的摆钟早有应用，但计时误差极大，每天至少提前或延迟 15 分钟。惠更斯设计的摆钟性能有了很大提高，每周误差大约 1 分钟左右。惠更斯很快就认识到了这项发明的商业价值，他为该摆钟申请了专利并授权生产。短短几年内，这种摆钟就畅销了整个欧洲北部地区。摆钟的创造是世界上的一项重大发明，也代表了科学技术的一大进步。

惠更斯认为，仅仅靠一个简单的钟摆，计时精密度仍然无法得到严格保证。事实上小钟摆的周期比大钟摆稍短，因此这些摆钟并不满足"等时性"。通过进一步的观察和反复实验，惠更斯发现了一个特殊的物理现象：只要在钟摆做微小的圆弧形"振荡"时摆绳长短稍有变化，振荡就会加快或减慢，计时也就不准确了。在他的经典著述《摆式时钟或用于时钟上的摆的运动的几何证明》(1673) 对该现象的原理给出了数学解释，并提出如果钟摆的摆动路线是摆线形（当一个圆沿一条线作纯滚动时，动圆上任意点的轨迹称为摆线）而非圆周形，即只在一个纬度上维持摆动，那么无论摆线长短它都能保持等时性。

为了攻克这个难题，惠更斯设计了一种钟摆悬架。他在钟摆的悬挂点安装了两片弯曲的"摆线夹板"，该设备在摆绳摇摆时会恰当地挡住部分摆绳，让摆绳的有效长度随着摆幅变大而缩短，使得钟摆移动轨迹是一条摆线而非圆弧。这样，不管摆幅多大，所有摆幅的频率都是相等的。然而在海洋上进行实验时，该改进方案由于经度问题一直没有奏效过。大约100多年后，英国钟表制造商约翰·哈里森设计了一种有效的"精密计时计"，这才解决了海上航行的经度问题。惠更斯的理论工作是科学史上的基石，他在离心力的研究方面做出了卓越贡献。同时，他还为牛顿运动定律做好了充足的前期工作，他揭示了这样一个真理：除非有外力作用于物体，否则原本直线运动的物体是不会变为曲线运动的。

1675年，惠更斯在计时器方面进行了另外一项伟大的创新——螺形平衡弹簧。它的作用就好比钟锤可以控制摆钟的运动一样，螺形平衡弹簧可以调整时钟内平衡齿轮的旋转摆动。所谓平衡齿轮，就是一个精细平衡的圆盘，可以保证钟表的机件正常运转。螺形平衡弹簧能够非常完美地控制钟表的旋转和摆动，能够保证钟表计时在一年内都准确无误。这项改进使得钟表市场在一夜之间火暴起来，几年后，绅士们开始将手表装在口袋里，随身携带着，这一潮流在当时风靡了整个欧洲。

列文虎克

列文虎克（1632～1723年），是一位为人谦逊低调的科学家。作为一名布料商，他几乎一生都没有离开过家乡代尔夫特（荷兰的一个城市）。他毕生在自己的房间里默默无闻地辛勤工作，发现了一个全新的由各种微生物构成的世界，包括细菌和原生动物、线虫和轮虫、精子和血细胞等。

1632～1723年

在列文虎克开始观察研究微生物之前，没有人料到世上竟还存在着如此微小的生命体，它们甚至无法用肉眼看到。当时，人们都以为最小的生物体就是跳蚤，只要视力不错都能观察到，却从未有人考虑过是否还会有比跳蚤更小的生物体。就在此时，显微镜应运而生了。

至今还无法考证究竟谁才是显微镜的真正发明者。几千年来，手工艺者们都是借助水滴或水晶把工艺品放大进行工作的。通常认为，第一个具有现代意义的显微镜出现在16世纪末，制造者是荷兰的一名眼镜商Z·詹森。此人手艺高超，擅长磨制透镜镜片并提高其放大率，他的突出贡献在于制成了"复式"显微镜，即通过将两个透镜叠放在一起而大大提高放大倍数。

很快，科学家们就意识到詹森显微镜在研究上的前景，开始在不同程度上对它加以改良。1665年，伟大的英国科学家罗伯特·胡克出版了论著《显微制图》，书中论述了显微镜技术的基本原理，并附上世界上第一张活的微生物图片，该图案是一个软木塞上的生命体。但在当时，科学工作者们从未对肉眼看不到的微小世界进行过探索，他们仅仅应用它观察诸如皮肤、软木塞和毛发等结构。

列文虎克在科学史上的重大贡献在于，他对许多当时看不见生命体的地方用显微镜进行了细致的观察，这当中包括许多非常特别的物质，例如雨水、牙垢、粪便、血液等。在这些看似没有生命的地方，列文虎克却开辟出了一个丰富多彩的微生物世界。

■ 贫穷的布料商

列文虎克于 1632 年 10 月 24 日生于荷兰代尔夫特的一个贫穷家庭。他的父亲是编制篮子的手工艺人，母亲来自酿酒艺人家庭。有关列文虎克幼年生活的历史记载几乎是一片空白，只知道他小时候在附近的城市瓦尔蒙特接受过基础教育。16 岁时，他就挑起了养家糊口的重担，在舅舅的亚麻布料店里充当一名学徒。4 年的学徒生活结束后，列文虎克回到家乡凭自己的手艺开了一家布店，在这里他度过了传奇般的人生旅程，直至 91 岁时辞世。

在此期间，列文虎克还兼任过其他的工作。1660 年，他在代尔夫特市政厅当管家。此外，他还曾担任过朋友杨·维梅尔（荷兰黄金时代绘画家）的财产受托人。

列文虎克在 22 岁时和芭芭拉结为连理，婚后他们生育了 5 个儿女。12 年后，芭芭拉因病撒手人寰，子女们也由于缺乏足够的照顾多数夭折，

↓图为在灯光下拍摄的团状聚花轮虫群落的显微镜照片。该群落由 50 ～ 100 个菌体组成。图中为该生物的足部，它们的躯干部均从某个共同点呈放射状排列。

只有女儿玛丽娅活了下来。后来，列文虎克再婚，但不久第二任妻子也突然去世，此后他便终生未娶。女儿玛丽娅搬回父亲家里，照顾列文虎克的饮食起居，父女俩相依为命生活。他们的居所极为简陋，家中只有一条长毛狗、一只会说话的鹦鹉以及一匹安静的马。

■ 在家自制显微镜

1668年，列文虎克在阅读了胡克的名著《显微制图》后，对里面提到的显微镜技术产生了浓厚的兴趣。虽然他最初可能只是想用显微镜检查布料而已，但他却仍然充满了好奇心和探索的激情。和胡克不同的是，他并没有使用复式透镜组成的显微镜，而是选用了单个的高倍率透镜。更确切地说，那是一个高放大率的放大镜片，而不是当时普遍认为的显微镜。当时的显微镜技术的问题在于，虽然可以从中观察到清晰的图像，但放大倍数却不尽如人意，往往只有二三十倍左右。列文虎克在家耐心地磨起了镜片，几年后，随着磨制经验的丰富，加上他较好的视力条件和良好的灯光设施，他磨制出了放大倍数达到200多倍的镜片。如此精湛的手工技艺，在此后长达两个多世纪内都无人能及。

列文虎克一生制作了500多个这样的镜片，但留给后人的却仅有10个。这些看似简单的镜片仅几厘米长，透镜下面放置一块铜板，铜板上钻了一个小孔，光线从下面透上来照亮观察的视野，样品区安装了两个螺丝钉，从而可以控制样品的位置以便聚焦。观察时除了这个精巧的设备外，还需要充足的光照，以及观察者敏锐的观察力。

■ 寄信给皇家科学院

几年的磨制经验使列文虎克制作透镜的技术更加纯熟。此时，他开始对一些常见的微生物（如霉菌和小昆虫等）进行细致入微的观察，例如他曾仔细地观察了蜜蜂复杂的眼睛结构等，从中观察到了不少新现象。他按捺不住心中的喜悦，邀朋友瑞格尼尔·德·格拉夫（荷兰的内科医生和解剖学家）到家中分享自己的研究成果。年仅32岁的德·格拉夫由于发现了人类卵巢中产生卵细胞的位置，在当时的科学界已经小有名气。他在看了列文虎克的显微镜，并观察其中的微观世界后被深深地震撼了，于是他立即提笔写信给英国皇家科学院的院长亨利·奥尔登伯格，向奥尔登伯格极力推荐朋友列文虎克的惊人发明和奇妙发现。读完德·格拉夫的推荐信后，奥尔登伯格立即致信列文虎克，邀请他为自己的特殊发现写一篇观察记录，预备刊登到皇家科学院的刊物《皇家学会哲学学报》上。

伦敦是 17 世纪末的科研中心，对于一名身份卑微的荷兰布料商而言，能够收到这样的邀请函简直就是莫大的殊荣。列文虎克在寄出的观察记录中附加了一段话，说明从未想过要把自己的发明和发现公布于众，所以不知道自己在文中表达得是否到位。由于列文虎克不懂当时国际科学界通用的拉丁文，他不得不先用荷兰文写好报告，再请当地的语言学者把它译成拉丁文，而信件寄到英国后又被译成英文发表在刊物上。

列文虎克最初的发现并不引人注目，第一份报告的内容与 10 年前胡克的报道相比也没有太多新意，但是这份观察报告还是被刊登了出来。初次成功的喜悦并没有使好奇心强的列文虎克头脑发昏。相反，他那锲而不舍的探索精神被愈加激发起来。他持续不断地向科学院寄出自己的观察记录，这样坚持了整整 50 年，他寄出的记录数量是科学院任何一位会员都无法超越的。

■ 微生物的世界

虽然第一份报告并没有表现出研究的创新点，列文虎克的制镜技术却在不断提高。1674 年，他在报告中提到了自己在水中发现的微小生命：

"我在流动的水中发现了类似微粒的东西和一些绿色的条带物。这些微小生物有的呈球状，有的呈带状，还有的呈螺旋蜿蜒状，它们都有规律地寄生在用于冷却蒸馏器的蒸馏水的表面。而它们（这些微小生物）的大小还不到头发的一半。"

在所有信件中，最有名的当属 1676 年 10 月寄出的第 18 封报告。这一次，他在一滴雨水中发现了细菌。然而，列文虎克并不满足于此。1677 年，他在一份报告中记录了他对自己精液的观察。现在我们已经知道，精液由一大群会游动的微小精子组成，这些精液中的微生物（或者说是小动物）几乎都有着一模一样的外形，与雨水中的生物体大相径庭。列文虎克仔细观察了大量的精子的形态，发现它们都由一条小尾巴和一个小脑袋组成，除此之外没有多余结构。他还注意到，这些小东西在精液中的游动姿态类似小蝌蚪在水中的运动。对当时的其他人来说，这些发现简直匪夷所思。几十年后，他的这个发现才得到科学界的承认。

■ 丰富多彩的生活

1863 年，列文虎克在寄出的第 39 封信内提及了对自己唾液和牙垢的观察结果。唾液中不存在任何的微生物体，而牙垢中却有很多。他在文中写道："有许多小生物在运动，其中最大的个体运动能力很强，移动速度也很快，就像水中划过的一根长矛；较小的个体常常像陀螺一样旋转……而且这些微生物体的数量远远多于前者。"他在喝完滚烫的咖啡后再从自己牙齿上刮下牙垢进行观察时，却发现牙垢中不含任何微生物体了。于是，他得出结论："很可能是热咖啡烫死了我牙齿中的小生命。" 后来，他又从没有接触到热咖啡的牙齿上取样，再次发现里面有微生物的存在，这使他对自己的结论更加坚信不疑。

列文虎克的研究范围还在扩大，当他在自己生病时从口腔内取样或从自己溃烂的龋齿里取样时，发现里面的微生物数量大大增加，他推测细菌很可能是引起各种病患的罪魁祸首。遗憾的是，他没有进一步地观察从而最终得出细菌是病原体的结论。直到一个世纪以后，著名科学家路易斯·巴斯德才完成了这个跨越。但是不可否认，列文虎克的工作已经相当出色了，他得出的许多有关细菌的结论，包括这些生命体在人们生活中所起的各种有益和有害的作用等都与现代的认识水平相差无几。

1723 年 8 月 26 日，列文虎克在家乡去世，享年 91 岁。在生前，他赢得了公众的广泛尊敬，当时的英国女王玛丽、神圣罗马帝国皇帝以及许多知名人士都曾造访他的陋室，观看他的显微镜下的奇迹世界。可贵的是，他从不争名夺利，生性淡泊的他安于平静的生活，在他亲爱的女儿的精心照顾下，列文虎克一辈子都专心于心爱的显微世界。他在生命的最后几年打造了一个漂亮木箱，专门用来放置他的显微镜和样品。女儿玛丽娅在父亲逝世后，遵从遗嘱把木箱寄给了皇家科学院。然而一个世纪后，这个宝贵的木箱却离奇失踪了，直到最近人们才陆续发现了一些原来在里面的物品。列文虎克的记忆很不好，以至于不少重要信息都没有记录，他的女儿独自一人在代尔夫特仔细整理了列文虎克的遗物，用来纪念父亲一生的重大发现和贡献。

发现细菌

　　列文虎克的第 18 封信整整写满了 17 页半纸，在信的开头他十分谦逊地总结了前几年的科学发现："1675 年的 9 月中旬……我在雨水中发现了小生命体，几天后我又在新浴盆里发现了内部呈蓝色的小生命体。"列文虎克认为，应该对水中的微生物展开进一步研究，正如他在信中写的，"相对于我们用肉眼能看到的最小的跳蚤或寄生虫来说，这些小生物大概只有它们的万分之一大"。

　　他详细叙述了对雨水、池水、井水、海水等各类水源进行的观察，每种样品都在空气中放置一段时间后进行观察。每次他都会看到一些极其微小的生物。他对其中的一类尤其感兴趣，它们看起来像是有"足"和"尾巴"，常常在水中乱转。"这些小生物在运动的时候，头部会伸出两只小角，并不断地活动，就好像是一匹高头大马耳边的一只小蜜蜂。"

　　虽然这些小生物很可能就是现在普遍认为的细菌，但由于缺乏确凿的资料，以致我们仍然无法确定。列文虎克又对浸泡着胡椒粉的水进行了观察，这次他清楚地看到了细菌。起先他以为这些小生物已经死亡了，因为它们几乎静止不动，但随后他找到了证明它们具有生命力的依据。

　　列文虎克提出的"一滴水中存在成千上万的微小生物体"的论断令亨利·奥尔登伯格简直不敢相信，他要求列文虎克对此给出具有说服力的证据。列文虎克请来了当地最有威望的人，包括教区牧师，来家里观赏他的显微世界，最终这些人证明了他的说法。若干年后，胡克在自己的实验中，也发现了同样的现象，并请来伦敦圣保罗大教堂的设计师克里斯托夫·瑞恩作公证人，在他面前演示了实验过程。

罗伯特·胡克

罗伯特·胡克（1635～1703年）是一位被历史埋没的伟大科学家。17世纪末，他在众多领域都做出了重要的贡献。然而在生前，他却默默无闻，几乎无人知晓。

1635～1703年

多数人知道胡克的名字都是由于他提出的胡克定律（弹性定律），该定律阐明了物体伸长（或压缩）的基本定律，说明了在弹性限度内，弹簧的伸缩长度与施加在它上面的外力大小有关。但事实上，这个重要的定律只是胡克众多科学成就中的沧海一粟。

胡克一生在科学领域内研究甚广，几乎令人叹为观止，为此他被科学界冠以"英国的列奥纳多·达·芬奇"的美名。在无数伟大的科学家中，他或许是思维最活跃、动手能力最强的一位。他一生的发明创造无数，甚至可以与他提出的科学理论相媲美。

纵观胡克的诸多发明，分别有号角状助听器、世界上第一台应用水平仪、上下推拉窗、钟表中的平衡擒纵轮、风速计（测量风速）、湿度计（测量空气湿度）、旋转气压计（监测大气气压变化）、十字准线（三点一线，用于望远镜观察目标物时的瞄准，后来发展为枪械中的瞄准器）、虹膜光圈（后来发展为相机中使用的光圈）、信息传播的密码、辅助呼吸的呼吸器、潜水钟、空气泵、万向接头（现常用于汽车中的驱动轴）、船只中的龙骨结构、早期的声波定位器、水银汞齐（后用于牙套填充材料）、千分尺、气枪等，类似这样的发明简直不计其数。像列奥纳多·达·芬奇一样，胡克对飞行器颇有兴趣，对此还曾做过实验进行研究。他甚至还预言了蒸汽机的可行性。难怪当时他的朋友约翰·奥布里（著名的日记作家）形容胡克是"当今世界上手艺最精湛的工程师"。

胡克不仅是一名天才型的发明家，还是一名学识渊博的科学家。他曾与当时许多享誉世界的科学家来往甚密，如牛顿、惠更斯、列文虎克、雷恩（建筑学家）等人，这在很大程度上推动了彼此的科学研究。由于有关胡克的大量文献资料不知所终，即使在他生前，人们对他的科研贡献也知之甚少。残存的历史资料表明，波义耳先生十分欣赏胡克，尤其在他推导空气定律的过程中，由于胡克的协助才使他的科研工作顺利完成。而另一名科学巨匠牛顿却长期与胡克交恶，二人在"究竟是谁首先提出平方反比定律"的问题上争论不休（平方反比定律：引力与距离平方成反比的定律）。事实真相是，胡克的研究对发现该定律具有至关重要的作用，但牛顿却在自己的著作中把胡克的贡献抹去了。

尽管如此，胡克的光辉成就终究是不可磨灭的。他是研究显微镜技术的先驱，首次在显微镜下观察到构成生物体组织的蜂窝状小室，并为其命名"细胞"。他的著作《显微制图》是描述显微世界的经典著作，启发了列文虎克和作家塞缪尔·佩皮斯的工作。胡克还是气象学鼻祖，他提出了风速和气压等监测大气情况的指标，并说明了气象预报所需监测指标的精确程度。

不仅如此，胡克还是一名优秀的建筑工程师。1666 年，一场突如其来的大火烧毁了伦敦城，他与好友克里斯托夫·雷恩爵士（著名建筑学家）一起重建了这座城市。他独立设计并建造了许多不朽的建筑，如伦敦城中举世闻名的希腊风格圆柱物就是出自他手，此外，还有宫殿风格的伯利恒大医院（耶稣出生地，该医院后来被毁）等建筑，甚至连完美绝伦的惊世之作——圣保罗大教堂也极可能是他的手笔。

■ 年轻的胡克

罗伯特·胡克于 1635 年 6 月 18 日出生于英国南部威特岛的弗雷施瓦特。他曾形容自己平平淡淡的童年无惊无险，但事实上在他幼年时，天花病肆虐横行，给他的孩童记忆留下了无法抹去的创伤。他在回忆中从未提到过母亲，他自小就是个性格乖僻的孩子，常常独自一人在威特岛的白垩地形处漫步，或许就是在那里他逐渐对化石有了一定的了解。

11 岁时，胡克平淡的童年遭遇了一次沉重的打击，在教堂任神职人员的父亲在反英国内战的保皇游行中被杀，仅仅给家里留下了 40 英镑的遗产。不知是由于邻居的热心帮忙还是出于自己的意愿，12 岁的胡克被送到了英国伦敦，在著名油画家彼得·莱利的画室里当了一名学徒。这位画家在当时凭肖像画《查理一世》远近闻名。不到一年，胡克就学到了许多有用的绘画技巧。此时，他决定去接受一些正规教育，

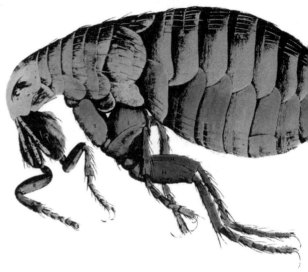

↑图为 1665 年出版的《显微制图》中的跳蚤图片，由罗伯特·胡克亲手绘制。

于是他怀揣父亲的那笔遗产迈进了威斯敏斯特（伦敦市的一个行政区）学校的校园。入学才一周，年仅 13 岁的胡克就读完了欧几里得的所有著作，校长理查德·巴士比很快就注意到了他与众不同的个性和高超的动手能力。

巴士比非常欣赏他的才华，便资助他的学业，直到他升入英国牛津大学深造。胡克半工半读，凭着在合唱团的工资维持生计。17 世纪 50 年代末，胡克在校园里偶遇著名爱尔兰化学家罗伯特·波义耳。不久，波义耳就请他担任自己的科研助手。在波义耳的指导下，胡克开始研究空气泵的设计工艺。受胡克的思路启发，波义耳发现空气是可以压缩的，而且压缩后的体积大小与加在气体上的压强成简单的反比关系，这就是人们所熟知的著名的波义耳定律。胡克为后世制造空气泵铺就了平坦大道，时至今日，他所提出的方案仍不断被人们采用。

■ 皇家科学院

由于在科学上的巨大成就，波义耳和胡克成为格里辛学院的核心人物。基于该学院的科研基础，学校准备筹建一个规模更大的、由众多伟大科学家组成的皇家科学院。1662 年科学院成立，经波义耳极力推荐，胡克担任了皇家科学院的实验室主任。然而，这个职位是没有工资的，并且

胡克还得在每次例会上汇报他最新的实验成果。很难想象，除了胡克以外，还会有谁愿意承担这么艰巨的任务，又能将这项使命完成得如此漂亮。他所得到的科学观点和实验依据之多，迄今为止在科学院中无人能望其项背。他的工作量浩大，常常要同时用到好几个科学领域的知识，这似乎非常适合知识面甚广的胡克。然而，或许恰恰是因为这一点，才造成了他终其一生也没能提出一个具有代表性的科学论断，以至于他的伟绩多年以后才被世人所熟知。

胡克于 1665 年出版了他一生中最伟大的著作《显微制图》，这部凝聚他毕生心血的作品奠定了他的学术地位，也大大提高了他的知名度。然而，当他想要在其他领域做出进一步的成绩时，他却失望地发现，一些早已由他提出或用实验加以证明的学说，却被其他科学家抢先一步据为己有，并冠上了那些科学家的名号。

■ 与牛顿之争

在这方面，和胡克争论最为激烈的便是牛顿。1672 年，当牛顿提出有关光和色彩的形成理论时，胡克终于按捺不住，指出了自己早在 7 年前就提出了牛顿所谓的新发现。他还争辩说，光并不是以微粒形式传播，而是以波动形式行进的，这个观点在后来由荷兰科学家惠更斯给出了更加全面的论述。于是，一场优先权之争在两位科学家之间拉开了帷幕。

17 世纪 80 年代，牛顿率先提出重力理论，并认为重力是一个常数，即重力处处相等。而胡克却认为，由于行星轨道是椭圆形的，这便不能保证"重力是常量"论断的正确性，重力的大小应该满足平方反比定律，即引力的作用强度随两物体之间距离的平方的增加而减小。遗憾的是，尽管早在 10 年前胡克在牛津大学求学期间，他用天文望远镜观察天体时就对此有所提及，但他却并没有给出有力的数学证明。牛顿参考了胡克的意见，在几年后写成了宏伟巨著《自然哲学的数学原理》，在这部书中他用数学方法证明了平方反比定律。

当胡克看到《自然哲学的数学原理》后大为震惊，立即向皇家科学院提出意见，坚称是他的观点为牛顿最终得出平方反比定律奠定了基石，并且要求牛顿至少应该在书中提到他的功劳。牛顿听后勃然大怒，一气之下

《显微制图》

　　胡克的《显微制图》出版后，在世界上掀起了显微镜热，这可能是历史上第一部反响最热烈、影响最广泛的作品。书刚出版，著名的作家佩皮斯就迫不及待地买来了一本，并在文章中写道，"我在卧室阅读胡克先生的《显微制图》直至深夜两点，这是我一生中看到过的最出色的作品"。

　　胡克可能是第一位通过显微镜仔细观察微生物的科学家。他自制了一台一流的复式显微镜，观察了如昆虫、海绵和有孔虫类等大量生物体的结构，并且把所有现象都一丝不苟、事无巨细地记录在了书中，当然还包括他亲手绘制的栩栩如生的显微世界。他第一个清楚地观察到跳蚤的体表结构，甚至还看清了跳蚤腿上一根根细微的毫毛。

　　胡克最著名的发现当属他对软木塞的观察，他在书中写道："我可以非常肯定它是由多孔结构组成的，类似蜂窝状的小室，然而这些小孔的排列很有规律性。这些小孔或者说是隔间（即现在我们所称的"细胞"）……其实是我未曾见过的微孔组织，或者以前在哪里看到过……"我们现在已经知道胡克发现的是活细胞，"细胞"之名就是由他取的，因为这些小孔让他想起了修道院里的小隔间。

　　胡克在化石的研究领域造诣颇高，他注意到了石化木材、化石贝壳、活的树木以及贝壳之间的相似关系，并进一步描述了从无机矿物质到生物组织、再到无生命的结构的整个石化过程。

　　胡克所做的工作远远不止于此，自从在高山上发现海贝壳后，他便推测以前地球曾经发生过山崩地裂的大地震，使得海底峡谷上升成为高山群岭。他甚至还进一步推测其中的某些化石很可能就是已灭绝的物种。这些超前的观点在当时并未受到关注，直到200年后达尔文进化论的提出，胡克才成为这场科学革命中地质学观念革新的精神领袖。

↑图为罗伯特·胡克在1665年绘制的显微镜结构。

把《自然哲学的数学原理》里大部分涉及胡克的引用内容全部删掉。在一份著名的报告中，牛顿引用了拉丁文中一句咬文嚼字的俗语"仅仅通过猜测无法证明事物的真相"——暗喻科学功绩理应属于能给出确凿依据的人。牛顿在当时的科学界具有很高的威望，他对胡克的排挤使这位科学家在事业道路上严重受挫。即使是在今天，大部分人仍然对牛顿的经典理论深信不疑，而胡克则由于欠缺科学的逻辑推理能力和扎实的数学功底，缺乏将学说证明成严密的理论的能力，相对牛顿而言完全处于劣势。

■ 最后的岁月

随着岁月的流逝，胡克日渐衰老，性格也越来越孤僻阴郁。牛顿依然对两人的陈年旧事耿耿于怀，据说牛顿在登上了英国皇家科学院的主席宝座后，曾下令将英国皇家科学院中有关胡克的所有研究成果和研究资料全部分散或者销毁。

60多岁时，胡克已经身心交瘁，整天失魂落魄。显然，与牛顿之间的纷争造成的巨大压力是一个重要的原因，但患病根源却在于胡克自己。他时常在自己身上做各种药物实验，这些药物严重损害了他的健康。更糟糕的是，为了赶上计划中的科研进度，他反复给自己注射兴奋剂，以保持旺盛的精力。然而这样更是透支了他的生命，在最后的几个月中，胡克的病情迅速恶化。朋友们无法忍受他的神经质，对他的病症也束手无策，只好离开了他。1703年3月3日，罗伯特·胡克在格里辛学院的家中与世长辞，唯有一名女仆在他身边送终。

艾萨克·牛顿

艾萨克·牛顿（1642～1727年），举世闻名的大科学家，科学界永恒的巨星。他"发现"的万有引力和以他自己名字命名的三大运动定律成为经典力学的基石。他还创造了微积分数学，并揭开了光的色彩形成机理等许许多多自然界中的奥秘。

1642 ～ 1727 年

在今天看来，牛顿提出的运动定律是那样的显而易见和理所当然，以致我们无法想象这些定律的提出在牛顿所处的年代有多么大的冲击力。就当时而言，牛顿简直是一名功勋卓著的伟人。在牛顿以前，从来没人考虑过各种运动之间有任何共通之处。鱼儿在海里游动，书页被微风吹乱，天体在星空移动……这些看起来毫无关联的运动曾一度被解释为是受某种特殊的局部力量的控制，抑或是上帝一时心血来潮的杰作，而浩瀚的宇宙也因此在人们眼中变得那么神秘复杂、反复无常。

牛顿打破思想的枷锁，陆续提出了万有引力定律和三大运动定律，证明任何运动形式，都遵循着某种共同的简单规律。他为此编著了经典著作《自然哲学的数学原理》（简称《原理》）。这部科学史上最伟大的作品揭开了宇宙的神秘面纱，揭示了一个亘古不变的经典真理：任何场合中的任何类型的运动都遵循着某种可掌握的规律。如果说整个宇宙最终被发现像个构造精巧的钟表，它一直遵循着某种既定的规律在不停运转，那么牛顿的物理定律就是控制它运转的发条。令人难以置信的是，这些在实验室中得到的数据和规律不仅适用于地面上的各种运动，同样也可以推广到宇宙中。

《自然哲学的数学原理》还揭示了另一伟大真理：宇宙中的运动规律可以通过数学方法进行分析。牛顿创造了解决这个难题的数学工具——即现在广为应用的微分学和积分学。对于运动定律而言，这如虎添翼：无论是要分析任何运动情况（如把咖啡杯升高到行星轨道上），还是要预测某种运动引起的效应（例如火车开经一座新建的桥梁时的情况，或是分析太空船着陆的状态），所有关于运动的问题都将迎刃而解。牛顿把这一切整合成简单的理论，用来研究分析宇宙中任何事物的运动，无论是庞大的恒星还是微小的分子都一样适用。

牛顿的学说得到了广泛的承认和赞赏，他本人也因此成为18世纪最受拥护和尊敬的科学领袖。自他提出经典论断那一日起，一个全新的具有光明前景的时代正悄然来临。在这个辉煌的时代，人们开始相信自己的力量，相信人类可以掌握世界的规律，并且推动世界的发展。

正如亚历山大·蒲柏（英国著名的批评家和诗人）在他著名的讽刺诗篇中感叹的那样："整个世界和自然规律湮没在黑暗中，主大声说，'让牛顿去发现吧！'于是万物放出了耀眼的光芒。"

如果说当时的这些观念在今天看来有点过于乐观，那仅仅是因为我们常常误以为自己在做着正确的事情，却没有意识到我们的所作所为已经超过了我们对世界的了解，这与牛顿提出的观念是背道而驰的。假如爱因斯坦的发现更进一步，他将发现处于极端状态下的自然规律，而牛顿定律所提出的只是日常条件下万物运动的基本规律。

■ 年轻的天才

1642年的圣诞节，艾萨克·牛顿诞生于英国林肯郡小镇沃尔索浦的一个自耕农家庭里。由于是个早产儿，他的亲人都担心他能否存活，因为"他是如此瘦小，甚至可以放进1夸脱（美国的度量体系，约0.946升）大小的水壶里"，天生羸弱的牛顿让家人一度担忧他会夭折。谁也没料到，这个小孩长大后非常健康，且活到了84岁高龄。牛顿是一个遗腹子，当他18个月大时，他可怜的寡母改嫁给当地的一个富有的牧师，并搬到威瑟姆附近，而把小牛顿交给了他的外祖母抚养。

牛顿自幼遭母亲遗弃，这对他的性格产生了很大影响。尽管他母亲在第二任丈夫逝世7年后回到了他身边，然而若干年后牛顿依然承认小时候"曾扬言要烧死继父和母亲，把他们的房子也烧得一干二净"。成年后的牛顿是个难以相处和共事的人，性格敏感内向，沉默寡言，而且暴躁易怒。

　　大约从 12 岁起，生性孤僻的牛顿被送到学校读书。少年时的艾萨克·牛顿并不是神童，他资质平常，在学校毫不起眼。直到有一天，他被一个蔑视他的同学用拳头威逼挑衅，年轻的牛顿怒火中烧奋起反抗，把强大的对手打得毫无招架之力，趴在地上抖成一团。牛顿还暗下决心要在课堂上也胜过那个自命不凡的家伙。从此以后，牛顿全身心地投入到了学习中，成绩节节攀升，同时对科学产生了极大的兴趣，并亲手制作了小水钟和会在空中飞行的灯。

　　牛顿的老师约翰·斯托克斯发现了这个孩子身上的潜质，牛顿的舅舅威廉·艾期库牧师也极力鼓励外甥去剑桥深造。1661 年，在老师的推荐下，年仅 19 岁的牛顿来到剑桥大学深造。自迈入校园的那一刻起，牛顿就把功课晾在一旁，废寝忘食地埋头于自己的研究，结果几乎没有通过一门课程

↑图为牛顿在做"色散实验"时的情景：在一间四周遮光的房间里，通过一个小孔，引一束阳光进入屋内，并恰好射在预先放好的三棱镜上，使光分解成几种颜色的光谱带，之后再使光谱带通过一块带狭缝的挡板，仅允许一种颜色的光射过并打在第二个三棱镜上，这时穿过第二个三棱镜的光呈现原有的一种颜色。由此，牛顿得出结论，阳光并不是由人们所见的白色组成，而是由组成彩虹的 7 种颜色的光组成的。

的考试。他的导师恼怒不已，却全然不知牛顿已经探索到了科学的前沿。当时，法国的科学天才勒内·笛卡儿（哲学家和科学家）革新性的数学和

牛顿的伟大定律

关于牛顿如何发现万有引力有一个脍炙人口的故事：1666年的盛夏，当牛顿坐在沃尔索浦的一棵苹果树下乘凉时，一个成熟的苹果掉落在他的脑袋上，从而令他联想到引力。虽然这看似一个传说，但牛顿本人也承认这个说法。

事实上，并不是单纯一个苹果促使他思考，真正令他着迷的课题是：苹果为什么会自上而下坠落？在他出生之前的半个世纪，开普勒就发现了行星的轨道成椭圆形，伽利略则发现物体从高处往低处掉落时总是做加速运动，却从来没有人把两者联系起来考虑，更不用说想到它们之间有任何共同的内因了。

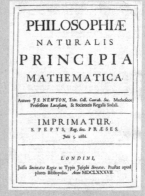

↑图为牛顿的划时代巨著《自然哲学的数学原理》封面，于1687年出版。

然而牛顿却想到，苹果并非是单纯的下落，而是有某种看不见的力在拉它。接着他又想到在轨道上运行的行星是否也受到这种力的作用：正如把苹果往地面拽一样，是不是某种力也同样存在于天体之间，令月球围绕地球旋转，而行星围绕太阳旋转，使得它们不会飞远呢？这种思考看似简单，实则巧妙，它促使牛顿发现了万有引力定律，这种普遍存在的作用力发生在任意两种物质之间。他还通过数学运算，证明了该力处处相等，并且力的大小与两物体各自的质量（即所含物质的量）成正比，而与两者间距离的平方成反比。

在接下来的20年中，牛顿进一步完善了他的定律，进而提出了牛顿三大运动定律。牛顿第一定律是惯性（或动量）定律，指的是物体在没有外力作用的情况下会保持原有的状态。他把惯性定律运用到解释月球的运行中，月球原本是保持直线运动的，而在万有引力的作用下它开始做圆周运动。牛顿第二定律指的是，物体运动的速率和方向与施加的外力和物体本身质量有关。假如月球距离地球更近一些，那么根据万有引力定律，两者之间的拉力会变

得很大，导致月球撞击地球；而假设月球距离地球更远一些，同理可知两者之间的作用力将减小，以致不足以维系住月球，那么月球将离开原来的轨道，飞逸到遥远的外太空。牛顿第三定律则说明任何作用力与反作用力都是大小相等、方向相反的。因此当两物体撞击时，它们受到的弹力都是相等的。

科学理论刚传到英国，而年轻的牛顿早已对此了然于胸，甚至已经进行了更深层次的探究。

■ 充满奇迹的一年

1665 年 8 月，一场严重的鼠疫席卷了伦敦，学校唯恐波及师生，宣布停课。牛顿也离校回到家乡沃尔索浦镇休息了整整一年，这段短暂的时光成了牛顿科学生涯中的黄金时代。在林肯郡安静的环境里，他的思想展翅飞翔。他在笛卡儿的解析几何的基础上，找到新的出路，并建立了微积分学：这是一门计算函数变化快慢的高等数学学科，可以解决计算加速度等初等数学无法解决的问题。这个被牛顿自称为"流数术"的数学分支，在一定程度上借鉴了阿基米德计算曲面和圆面积时将它们切割成无限小矩形或多边形的简化算法。同时，他站在更高的角度，对以往的科学成果加以综合和改进，解决了曲线上任意一点的切线及斜率问题。这些抽象理论应用到实践中便可以求解一个变速运动的物体在一定时间范围内走过的路程，从而可以得到任意时刻的加速度。

在此期间，牛顿最惊人的研究成果便是三大运动定律和万有引力定律的提出。不久以后，他又有了新的发现。一天，他在斯陶尔布里市场中闲逛时，偶然发现一对玻璃三棱镜，他出于好奇心买下它们，并对光学现象及色彩的成因进行了研究。牛顿让一束太阳光通过三棱镜分解成几种颜色的光谱带后，再用一块带狭缝的挡板把其他颜色的光挡住，只让一种颜色的光通过第二个三棱镜，结果出来的只是同样颜色的光。这样，他就发现了白光是由不同颜色的光组成的，这对光学研究是一大贡献。

引人注目的是，在牛顿休假期间的全部科学贡献中，唯独此项在他第二年返回剑桥大学时才公布，但仅凭这一项便已足够显示他出众的研究才华了。1669 年，26 岁的牛顿晋升为剑桥大学卢卡斯讲座的数学教授。尽管牛顿在研究中得到大量的成果，却不喜张扬。只有在受到学术界同仁的挑战，或是有人要先于他发表类似理论时，他才会将自己的学说公开发表出来。

■ 暴躁的科学家

这种低调的科学态度为他带来了许多令人头疼的问题。例如，他整整延后了 30 年才出版了关于微积分的著述，而在这段时间里德国哲学家莱布尼茨也发表了自己的独立研究，出版了同样命名为"微积分"的数学著作，从而在数学界掀起一场轩然大波。这场关于谁才是微积分学创建者的争论闹得不可开交，以致最终需要皇家科学院出面调停。牛顿还在委员会报告中造假，以求确保自己被认为是微积分的建立者。甚至在莱布尼茨逝世后，他仍然不依不饶，发表长篇大论言辞激烈地抨击这位已故的德国哲学家。

类似的麻烦事件还在继续上演。1684 年，在牛顿发表了万有引力定律和三大运动定律后，他在科学界的老对手——罗伯特·胡克宣称，他早已提出平方反比定律并解决了天体运动问题。胡克确实提出过平方反比定律，但限于自身数学水平的局限，他无法说明其中机理，也无法对其给出严密的证明。牛顿认真考虑后，认识到尽管自己的万有引力和运动定律目前仅仅适用于地球，将来也可以论证推广至天体运动。于是他决定引用胡克的理论，重新坐下来开始了不朽名著《原理》的编写。30 个月后，这部巨著便出版面世了。

当时，牛顿由于在 1668 年制作改良的天文望远镜早已声名大振。之前的由多个透镜组成的复式望远镜在各地早有使用，然而其庞大的体积给使用者带来了极大不便。更大的问题在于，望远镜的体积越大，光线透过透镜产生的色散现象越严重，在视野中常常出现彩色条纹干扰观察。牛顿尝试用曲面镜代替

> "整个世界和自然规律湮没在黑暗中，主大声说，'让牛顿去发现吧！'于是万物放出了耀眼的光芒。"

透镜，如此一来，光便不再穿越镜面形成色散，而是从镜面反射回去。同

↑图为牛顿的三棱镜反射到《光学》上的七彩光谱。

时，反射回去的光线与照射光一经叠加，加强了光的强度，从而减少了望远镜所需的透镜数目，大大简化了望远镜的结构。一架15厘米长的"牛顿式"望远镜不仅在性能上堪与1米长的透镜复式望远镜媲美，还能避免所有的色散问题。

牛顿在光学上的贡献

　　牛顿在1704年出版的《光学》中，提出了一束光是由成千上万的粒子或者"微粒"组成的，并以相当快的速度前进。他进一步论证，这可以解释光为什么能在没有任何介质的真空中传播。同时，他还认为，光呈直线传播以及有清晰的投影都可以得到圆满的解释。光之所以会从镜面上反射，其原理等同于许多个网球从墙壁上反弹的效果。至于光的折射现象，可能是由于这些微粒在玻璃或水中的传播速度比空气中要快。几乎是在同一时间，荷兰科学家克里斯蒂安·惠更斯同样提出了对光本质的研究学说。与牛顿截然相反，惠更斯认为光的传播是波动式的，类似池塘中的涟漪，而绝非微粒式的。两大学派之间由此展开了旷日持久的激烈争端。现代科学认为，两个学说都揭示了光的本质，在不同情况下需选择性地应用这两个光学理论。

牛顿的赫赫大名

由于牛顿制造了反射型望远镜，他当选为极负盛名的皇家学会会员。这是一个欧洲科学研究的中心，云集了大量来自各国的顶尖人才。然而，当选会员后不久，当他在一次会议上汇报在三棱镜实验中对白光组成的发现时，却受到胡克的无端指责。牛顿气得立即辞职，并发誓：只要胡克还在科学院，他便永不回去。1703 年胡克逝世，牛顿才重新回到科学院担任会长一职，直至他在 1723 年去世。

《自然哲学的数学原理》一书于 1687 年出版，这部著作的问世在全世界引发了科学热潮，牛顿也因此成了家喻户晓的名人。事实上，他是第一位近代科学史上的巨星。随后，牛顿被推选为剑桥的下院议员。当他来到伦敦参加议会会议时，受到了所有人的热烈欢迎，从高贵的国王到伟大的哲学家约翰·洛克，无不对他致以崇高的敬意。众多年轻的科研工作者聚集在他周围，其中包括一位来自瑞士的才华横溢的年轻女士法蒂奥·德·迪勒。据说 48 岁的牛顿还在工作中爱上了法蒂奥，以至于 3 年后，当法蒂奥离开牛顿回到家乡时，他在很长一段时间内心烦意乱，无法集中精力工作。

自此以后，牛顿再也没有新的科研成果问世。有一个时期，他离群索居，专心钻研起炼金术来。他甚至本末倒置，把这门技艺看得比自己的本职工作还要重要。

牛顿和炼金术

艾萨克·牛顿是公认的近代史上第一位伟大的科学家，他的宏伟巨著《原理》也是 350 多年来最重要的科学成就之一。它是典型的科学著作，具有观察性、实验性、实用性，以及可信的逻辑性。然而，从某种程度上说，牛顿也是中世纪最后一名炼金术士。他在炼金术和占星术上几乎倾注了半辈子的心血，在实验室翻阅古人的书籍寻找线索，不分昼夜地尝试着把各种金属转化为黄金。在他眼里，这门技术的重要性远高于使他成名的科研工作。牛顿并不满足于在物质世界中的求索和成就，转而对人类本身的奥秘也产生了极大的兴趣。他在炼金术方面做了不少功课，但在一次他的宠物狗引发的火灾中，大部分炼金术研究成果都毁于一旦。虽然留存至今的只有部分手稿，但其中的内容已经足以令人惊讶不已。我们宁愿相信那只是他随意的信手涂鸦，所有关于炼金术的记录绝不可能出自牛顿的天才脑袋。然而事实证明，牛顿曾相信世上存在着某种神秘力量引领他发现万有引力，这是相对更为理智的伽利略所不能接受的。

■ 最后的岁月

1696 年，牛顿被邀请加入皇室铸币所。流传甚广的说法是，这是对他杰出的科学贡献给予的荣誉。法国著名哲学家伏尔泰则认为是牛顿的外甥女嫁给的一位知名当权人士安排的。无论真相如何，牛顿对这份工作投入了巨大的热情，为了防止英国货币体系陷入瘫痪，他决定采取政策禁止伪造货币。

牛顿在铸币所担任所长直至他去世。胡克去世后，他返回皇家科学院重新上任，虽然已经年逾花甲，任职院长的他仍以前所未有的热情重组了科学院的内部人员结构。

1723 年 3 月 20 日，一颗科学巨星陨落了。牛顿的遗体被安葬在英国伦敦威斯敏斯特大教堂，人们为他举行了隆重的葬礼。当时的达官显贵都参加了这次葬礼，街道两旁有无数的人注视着送葬队伍行进。诗人伏尔泰目睹了全部过程，他在作品中深深感叹："英国人民像安葬一位深受臣民爱戴的国王一样厚葬了这位科学家，以纪念他在科学上做出的不朽业绩。"

卡尔·林奈

瑞典的植物学之王卡尔·林奈（1707~1778 年），18 世纪最伟大的植物学家，创造了系统的生物分类法。他提出的拉丁文的"双名制命名法"一直沿用至今。

1707 ~ 1778 年

17 世纪，欧洲的植物学家和动物学家通过研究，逐渐开始认识到世界上的生物种类成千上万。他们中的一些人在科学时代思潮的冲击中，开始以极大的兴趣研究身边的动植物；而另一些人则对千里之外带回来的奇花异草抱有极高的研究热情。

随着发现的生物种类越来越多，植物学家和动物学家对自然界的理解或者说是对整个生物群体的研究也越来越混乱。例如，当人们就动物研究著书或撰文时，往往因找不到合理的分类方法，而不得不诉诸按字母顺序排列的方式。同时，他们也缺乏区分神话故事中和现实生活中不同动物的方法。凡是在关于动物的书籍，以及"动物寓言"（中古时代动物寓言集，用现实或寓言形式描写想象中或真实存在的动物，并赋予每种具体化的动物以道德意义上的解释）中可能是从"羚羊（Antelopes）"（以字母"An"打头）开始，接着往下是关于"黑猩猩（Apes）"的故事（以字母"Ap"打头），然后是以"Ar"字母开头的一种动物。这种按字母顺序的排列方式遵循的是动物在英语中的先后顺序，但并不适用于其他语言。

首先尝试改变这种分类混乱局面的是英国著名植物学家雷·约翰（1627~1705 年）。1671 年，雷·约翰走遍欧洲各地找寻合理的分类方法，同行的还有他的朋友动物学家弗朗希斯·威洛比。遗憾的是，弗朗希斯在回来后不久就患病去世，雷·约翰独自承担起这个重任。经过不懈的努力，他建立起了一个所有动植物的分类目录，并在著作《植物新方法》（1682）中将第一类物种定义为"繁殖的后代与本身相似的群体"。在另一部著作《植物的历史》中，雷·约翰首次根据物种结构对它们进行了初步的分类。

100年后，林奈在前人的基础上发挥创新精神，建立了自己的"自然系统"。事实上，在探索生物分类的道路上他并非孤身一人。在1799年以前，世界上已建立起林林总总约50多种分类方法。然而，凭借着两大优势，林奈的分类法脱颖而出。

首先，林奈对植物分类的依据是它们的生殖器官，即植物用来繁殖后代的器官。其次，他还为某一类植物用两个拉丁词命名。第一个词是生物的属名，表示它所在的类群；第二个词是种名，以便区分于其他生物；最后在种名的后面再注上命名者的姓名。这种命名法也可以根据实际灵活运用，例如北极花（Linnaea borealis）的命名：发现者是林奈自己（Linnaeus），且该花是忍冬科花种，隶属于北极花属，而borealis有北冕座之意。这种简单有效的分类法在18世纪末就普遍为广大植物学家所接受，并一直沿用至今。

■ 在瑞典的童年

卡尔·林奈于1707年出生在瑞典东南部的慕克恩湖附近。成年后，他在回忆童年生活时曾很亲切地把家乡称为是瑞典最美的地方之一，"某个宁静的夏日，你坐在大自然的怀抱里，耳边传来杜鹃和各种鸟儿的美妙歌声，还有昆虫热闹的嗡嗡声和唧唧声，再一低头看到那一片锦绣成簇的花海，你将会为造物主的神奇力量发出由衷的赞叹。"

小林奈在学校里并没有对植物学或神学表现出任何兴趣，他父亲本打算将他送到修鞋匠那儿做学徒。幸好林奈的老师独具慧眼，认定他是可造之才，并极力说服林奈的父亲送他到乌普萨拉大学读医学专业。

当林奈徜徉于学校的植物园时，年仅25岁的他便被老植物学家奥洛夫·谢尔修斯所设计修建的园林的美丽景致深深地吸引住了，他一头扎进了浩瀚神秘的植物世界中。1732年，乌普萨拉大学的科学院派他到拉普兰地区考察收集植物标本。他常常因为自己在那里发现的新植物而感到非常开心，他的发现中包括一种白色的小北极花——林奈花（也叫林奈北极花），后来以他的名字为这种植物"注册了商标"。林奈最著名的一张画像，就是他站在拉普兰地区的萨摩岛居民中间，戴着用这种白色小花自制的花环。他在当地的调查结果也在后来写入了作品《拉普兰植物志》（1737）中。

■ 建立生物目录

从南方回来以后，林奈回荷兰完成了他的医学学业。在此期间，他拜访了富有的银行家乔治·克利福德。乔治家的花园和植物标本室里摆放着大量的花草，令林奈大开眼界。他还在当地结识了另一位年轻的自然学家彼特·阿蒂迪，两人志同道合，都是热心于动植物事业的科学家，交谈之后他们决定一起为物种分类的课题共同努力。他们商议由阿蒂迪负责调查鱼类和陆地动物，而林奈则负责研究鸟类和植物。不料，阿蒂迪在一次外出考察中不慎掉进阿姆斯特丹运河溺亡，于是只留下林奈一人继续完成这项事业。

1735 年，林奈在荷兰出版了一本关于基本分类法的小册子，书名为《自然系统》。林奈在前言中写道："短短数页中列举了动植物分类的最佳方法，并按照一定顺序（如物种的体积大小）排序。我衷心期望自己的小小成果能获得大家的认可。"

■ 植物的性别

林奈笔下所提到的动植物之间分类的依据，就是植物的性特征。在林奈之前几十年，德国植物学家鲁道夫·卡默拉留斯（1665~1721 年）曾经指出未经授粉的植物种子不会发芽。1717 年，法国植物学家塞巴斯蒂安·维朗特作了一次关于植物性别的公开讲座，并以法国皇家植物园的阿月浑子树为例说明自己的观点。林奈认真听取了他的报告，并借鉴了这种观点。

1729 年，林奈撰写了一篇题为《植物定亲》（1729）的论文，文中使用了隐喻——"一篇论植物订婚的文章，从中解释它们的生理学……结论是植物和动物完全一样"。维朗特在此前的报告中曾认为，花朵的性器官仅仅是指其花瓣结构。林奈则对此持反对态度，他认为花的授粉结构雄蕊相当于植物王国的新郎，而产种子的结构雌蕊相当于新娘，将二者合二为一才是真正的生殖系统。

■ 新郎和新娘

根据雷·约翰下的定义，任何物种都是能繁殖后代的生物，林奈根据植物的性器官特征得到一种可行的分类法。他首先根据雄蕊的长度和数量（即雄性器官），把所有的开花植物分成23种，然后再依据雌蕊的数量（即雌性器官）进行细分。加上看起来没有花朵的隐花植物，如苔藓类等，所有植物总共被划分为24纲。

许多人对林奈书中关于性隐喻的文字非常不满。例如，他把双雄蕊纲命名为"二夫制"，意为"具有两个雄蕊及一个雌蕊的花"；他还说，"花萼可视做大阴唇，或称包皮；花冠可视做小阴唇"。正是因为这些大胆的比喻，多年以后仍有不少学者认为年轻妇女并不适合学习植物学这门课程。

■ 林奈的教学风格

尽管如此，人们不得不承认林奈的分类法简单实用。它的魅力在于，任何人只要受过一点基础教育，通过阅读书本都能掌握这种方法——只要数清雄蕊数量即可。为了让学生对此有更为直观的认识，林奈常带领学生深入乌普萨拉城的各处，找寻各种有代表性的植株加以说明。

林奈常常带领一批300多人的队伍，在田地和森林里收集植物标本，回到镇上后，就会有一支乐队在他们身后演奏音乐。学校校长发现每次林奈的学生出外考察，其他学生就会左顾右盼无心上课，终于忍无可忍下令停止这样的远足活动，"我们瑞典人处事严谨、思维缓慢，我们不可能像某些人那样，对严肃的实际问题抱以愉快玩笑的态度"。然而林奈对此不予理会，一如既往。

← 1736年，林奈提出的植物生殖系统在《自然主义者》上刊出，绘画者为埃赫雷特。

■ 瑞典的花园

在乌普萨拉镇定居后，林奈开始创建自己的植物王国，并按照他的分类法陈列来自世界各地的各类植物。他相信植物物种最初都存在于上帝的伊甸园中的，后来才散落到世界各地。作为一名笃信基督的教徒，林奈的心愿是收集世上所有的植物，并把它们重新集中起来。

林奈还认为，瑞典四季如春的气候适合任何来自于各地的经济作物的栽种。令人不解的是，这么一位富有经验的植物学家居然会认为热带植物可以在凉爽的瑞典生长。一些植株由于受不了微凉的气候而凋谢，林奈则认为是植物本身太过柔弱的缘故。

18世纪40年代，林奈在植物分类学上投注了大量的精力，孜孜不倦地把已知的所有植物种类都一一归类到他的分类表中。1745年，他出版了一部关于瑞典植物的百科全书《斯维奇植物志》，并开始考虑更合理的植物命名法。

■ 双名制的建立

林奈希望能够找到一种简单又精确完善的命名体系，适合业余爱好者实地考察时采用。他想到，如果那些业余植物学者能在考察中记住物种的属名，而回到家后再翻阅文献，便能确定植物的具体种类。这就是他建立双名制命名法的基础。

林奈最初建立的第二个名字相当复杂，但确实能够非常精确地表示植株的种类。接下来他又发现，只需要增加一个简单易记的符号，并在后面附上每个符号的含义便能轻松解决问题。第一步，他先把这个名字称作"种名"。1751年，他整理了大量繁冗的资料，把全世界已知的植物物种按照属名排列后，一个个对号入座加上相应的种名归类。正如他自己说的，这份工作"像是把铃舌放入风铃里面一样"。

林奈敏锐地意识到，必须在其他人给植物冠以冗杂的名字之前制定一个通用的命名法。于是他决定为每一种植物以双名制命名，这样人们一看到某种生物的两个拉丁词，就可以判断这种生物的类别归属。经过夜以继日的辛劳，他在一年中奇迹般地成功命名了5900种植物物种，并全部收录在他1753年出版的《植物种志》中。

在完成命名植物王国的全部工作后，林奈转而开始研究动物王国。在早期出版的《自然系统》（1735）中，他在分类目录中将四足纲（四足动物）放在首位。然而，后来他发现世上存在比四足类更高级的物种，即通过乳房哺乳幼兽的生物，因此他又以哺乳纲取代了四足纲。在哺乳纲中，排第一位的是灵长目动物，其中包括了人类，林奈把人命名为"Homo sapiens"（有意识的人）。1758年，林奈出版了自己的第10本著作《自然系统》，论述了按双名制命名的动物种类。

当时，林奈的学生已经遍布天下，他们跋山涉水、远渡重洋，为他带回来丰富的物种，而林奈则安坐家中，就像一个盼望游子归来的父亲般翘首企盼。1755年，西班牙国王邀请林奈入住本国宫殿，并允诺给他一笔可观的薪水，被林奈婉言拒绝。1761年，瑞典国王授予他代表皇家荣誉的贵族爵位，林奈也因此改名为Carl von Linne。3年后，林奈由于中风病倒，于1778年1月10日溘然而逝，享年71岁。

林奈的传教士

从1740年到1760年，林奈的许多得意门生走遍了世界各地，为老师收集各种奇花异草。这些被林奈称作"传教士"的学生个个风华正茂，对植物学研究充满激情。"真正的发现……就像彗星撞击行星那样，令人激动无比"，林奈骄傲地说。

在他们考察的道路上险象环生，而其中的5名学生——安迪斯·柏林、弗雷德里克·赫思维斯特、佩尔·福斯卡、佩尔·罗弗林、克里斯托弗·泰尔斯特再也没有回来。林奈常因此自责不已，然而他的学生们却甘愿涉险，从而极大地丰富了林奈的物种收藏室。

佩尔·卡姆从北美为林奈带回了90个物种。彼得·奥斯博格来到中国，收集了600个物种。卡尔·桑伯格在日本命名了3000多个物种，其中的1000种是新物种。索兰达在库克船长的带领下，参加了一次环球航海考察的冒险之旅，沿途命名了1200多种新物种，并在原有的基础上添加了100个新属名，命名的动物种类也数以百计。

在林奈逝世以前，航海出游时随船携带一名植物学家已经成为惯例。后来，达尔文就是跟随著名的贝格尔舰出海航行，从而带回来许多的新物种，也带来了关于物种起源的新理论。

詹姆斯·赫顿

苏格兰人詹姆斯·赫顿（1726～1797年）是18世纪最著名的地质学家，他研究了地球在远古时期的性质、地球的年龄和地质构造变化的过程。

1726 ～ 1797 年

我们很清楚地知道，自己所居住的地球是一个相当古老的星球，经过几百万年的地质运动才形成现在的地质面貌。然而过去的人们并不知道这些，甚至在18世纪的启蒙运动时期，大部分人还是认为地球的年龄和人类历史的长短相差无几。对于大多数人而言，地球的年代并非隐藏在岩石或地貌里，而是隐含在《圣经》里。1650年，爱尔兰的厄谢尔·詹姆斯大主教（1581～1656年）曾仔细研读《圣经》，把书中家谱体系所指示的日期累加起来，得出地球是在公元前4004年10月23日（周日）上午10点钟准时创造出来的，并推断出从古到今除了《圣经》中提到的挪亚时代发生的大洪水外，地球的变化微乎其微。他甚至还推算出大洪水发生的年代是在公元前2349年。令人难以置信的是，伟大的科学家牛顿居然对此表示赞同。

哥白尼学说浮出水面后，情况开始有所变化。当人们逐渐意识到地球并非宇宙的中心时，一部分思想家也开始对原有的观念产生了怀疑。他们发现，地表的许多岩石显然是经多年的沉积作用形成的，而且岩石内部常常充满各种海洋生物的化石。但他们无法解释山脉是如何通过沉积形成的，也无从知晓这些化石究竟是怎么进入到岩石内部的。

18世纪最流行的解释是这样的：一次山崩地裂的大灾难使得地层迅速下沉，形成了后来的地貌。伟大的德国地质学家亚伯拉罕·格特勒堡·

维尔纳认为，所谓的大灾难就是大洪水。具体可以这样解释：最初广袤的海洋覆盖着地球，导致大量的物质悬浮或溶解。当海平面逐渐降低，洪水在各地退去的情况不一，从而形成了现今看到的地貌。很明显，维尔纳是借鉴《圣经》中的大洪水故事才提出了"水成论"学说的。

赫顿的伟大之处在于他一针见血地指出了"水成论"的两大错误：首先，他发现岩石和山脉的形成机理并非如维尔纳所说"是洪水的消退作用"，而是地球的地热作用，即火山爆发的熔岩形成的；其次，他认为当今复杂地貌的形成并不是一两次大灾难就可以达到的，而是无数次地表岩石的侵蚀、沉积以及上升运动的循环过程的结果。漫长的年代中，这些过程反复多次发生，才形成了我们今天看到的地貌。他极力强调的基本观念是：地面岩石一次次经洪水冲刷，岩屑被带入海洋中沉积起来逐渐形成新的岩石，这些岩层上升为新的地表，而火山爆发产生的熔岩冲击到新的地表又使地貌发生扭曲，这样周而复始从而形成了后来的地貌。如果他说的是真的，那么地球一定已经非常古老了，它的年龄不是几千年，而应该长达几百万年。

赫顿从来没有宣称他推测到了地球的年龄，但人们很快就意识到，在他的学说中早已包含了对地球古老年代的暗示。

■ 在苏格兰的童年

詹姆斯·赫顿于 1726 年 6 月出生于爱丁堡，是威廉·赫顿和莎拉·赫顿夫妇的长子，父亲威廉在他出生 2 年后就因病去世。当时的爱丁堡处于非常时期，苏格兰高地的反叛运动正如火如荼地展开，爱丁堡也在这次动乱后成了一个边境城镇。尽管如此，赫顿仍然是在平安宁静的环境中成长起来的。

完成了在爱丁堡高级中学的学业后，十几岁的赫顿来到爱丁堡大学继续深造。在校园中，一位名叫科林·麦克劳林的学者注意到了他出众的才华。科林曾经与牛顿在一起工作，并深受牛顿的影响。他向赫顿介绍了牛顿的许多经典理论，特别是他最为推崇的行星循环轨道等著名学说。科林还向赫顿讲述自然神论，他认为上帝设计并创造了类似一台完美机器的宇宙体系，并让其自行运转。这个观念对赫顿的思维方式产生了巨大的影响，在他发现地球的古老性后，也认为这个理论与崇拜上帝的信仰没有矛盾。

在这段时间内，詹姆斯·赫顿还没有表现出对地质学有任何兴趣。1745 年，他毕业后来到一家医学院做医生。同年，英国王子查尔斯·爱德华·斯图亚特领导了最后一次苏格兰高地的运动。爱丁堡的富人们自然不会赞成这种野蛮的行为，他们因此很快被查尔斯王子用武力驱逐出家乡，背井离乡去流亡。这座城市的经济由于获得了自由而以惊人的速度蓬勃发展起来。干净雅致的新街道出现了，爱丁堡迎来了一个文化上的黄金时代，并被誉为"北方的雅典城"。

■ 从医生到农场主

然而，当反叛的呐喊声还回荡在街道上空时，年轻的赫顿却因为不慎令一个女奴怀孕，万分窘迫之下不得已离开了这个城市。他完成在荷兰莱登的实习任务后，又到巴黎攻读了 5 年医学。令人讶异的是，赫顿似乎从来没有过想当医生的念头。

1750 年，赫顿和一个爱丁堡的老朋友做起了卤砂（即氯化氨，冶炼钢铁的重要原料之一）生意，从而为他带来了一笔可观的收入。18 世纪 50 年代，赫顿回到苏格兰继承父亲在爱丁堡南部斯莱修斯遗留下的一座小农场。此时，他又对农业产生了兴趣，决定放弃医药行业，转行从农。他潜心研究最新的农业技术，在他的精心经营下，斯莱修斯农场一跃成为苏格兰发展最快的新型农场之一。

赫顿对地质学的兴趣就是在他经营农场期间逐渐建立起来的。他跋山涉水走遍英国各地，认真勘察各地的地貌和岩层，不辞劳苦地带回一批又一批的岩石和矿物样品。由于所做的事情在当时算得上是一种创举，他很快就因为在地质学方面熟稔的专业知识而名声大噪。赫顿的工作相当细致，这为他后来的地质学研究打下了良好的基础。赫顿待在农场里，年复一年看着农场的土壤在冬天被大雨冲走。若干年后，石块在风吹雨打和日光暴晒的反复作用下风干脱屑，又生成了新的土壤，这样周而复始，或许正是这番景象启发赫顿提出了关于岩石侵蚀和再生的无限循环论。自1760 年后的 10 年内，赫顿的学说逐渐成形。

■ 回到爱丁堡

在建立并成功经营农场后，赫顿于 1770 年又回到爱丁堡，并引起了当地学术界的注意。他在那里结识了许多世界顶尖的学者，并与他们结成终生的好友，如伟大的人性哲学家大卫·休谟（欧洲不可知论的主要代表者）、经济学家亚当·史密斯（其著名作品《国富论》被奉为资本主义的《圣经》）、物理学家詹姆士·瓦特（实用蒸汽机的制造者）、化学家约瑟夫·布莱克（二氧化碳的发现者）等人。其中，布莱克和瓦特成为赫顿最好的朋友和事业支持者。

此后不久，赫顿和布莱克组成研究组，共同探索地质学的奥秘——即岩石中的矿物质究竟是如何形成的。当时，包括维尔纳在内的大多数矿物学家都认为，这些矿物质来源于海洋。如果真是这样，那么任何包含在岩石中的矿物质成分必然能溶解于水中，但是实验证明并非如此。赫顿在和布莱克的合作中逐渐发现是地热在发挥作用——并且不仅仅是地热的效应，而是地球深处的地热和高压的共同作用，才形成了矿物质。

■ 公开发表学说

1785 年，赫顿的地质学理论形成，他决定把学术报告交给爱丁堡皇家学院。由于赫顿不太习惯于当众发言，他委托布莱克上台朗读了这篇论文。

> 赫顿逐渐发现是地热在发挥作用——并且不仅仅是地热的效应，而是地球深处的地热和高压的共同作用，才形成了矿物质。

一些专家立即被他的观点所征服，对他赞赏有加；也有一部分人对此持怀疑态度，认为该学说缺乏充足的依据。于是赫顿决心再次出发，寻找确凿的证据去说服反对者。离开皇家学院后，他就与约翰·克拉克爵士携手出发了。

在考察中，赫顿尤其对花岗岩抱有极大的研究兴趣，这是一种由地球深处的熔岩形成的火成岩。赫顿想要解决的问题关键在于证明露出地面的花岗岩层的生成晚于它周围沉积物的生成。只要能证明这一点，便说明地表的岩石并非单纯是被大洪水中形成的沉积物覆盖，维尔纳的"水成论"学说也就不攻自破了。1788 年，赫顿兴高采烈地发现，在格兰扁山脉的大斜谷处，花岗岩的脉络明显嵌在周围的岩石中间。同年盛夏，赫顿带着好友约翰·普莱费尔（苏格兰物理学家和数学家）和詹姆士·霍尔（苏格

↑图中凹陷的不整合面是受侵蚀作用形成的山脉脊线。

兰实验地质学之父）一起，来到北海岸的西卡角观看不整合面的地质现象。至此，赫顿搜集的证据已经足够他说服所有的地质学家了。

■ 征服全世界

对于赫顿而言，仅仅说服普莱费尔和霍尔二人还远远不够，他必须直面那些制定科学规范的人——由于他们对赫顿的学说缺乏了解，依然持批评态度。赫顿知道自己的优势，他相信自己找到的证据很有说服力，而且在爱丁堡他还拥有一大批拥护者。1793 年，正当赫顿和他的朋友们满怀信心地准备着一切时，却传来一个坏消息：一位爱尔兰的学术界泰斗理查德·柯万相当激烈地抨击了他，并提出赫顿的理论亵渎了神明。

赫顿听闻后，决定予以回应。然而那一年他却病倒了，经诊断可能是肾衰竭。之后，他开始着手传世经典《地球理论》的编写，书中阐述了他的地质学新理论，并给出了相关的严密证明。遗憾的是，他在写作后期已经病入膏肓，再也无法完成最后的 3 章，而那 3 章却包含了所有的理论依据。1797 年，赫顿抱憾去世，留下的书稿凌乱不堪，远不如他前期的论文条理明晰，因此出版后几乎无人问津，没有产生太大的影响。

所幸好友普莱费尔和霍尔毅然接手了他的工作，普莱费尔竭力把赫顿复杂的思想表达得通俗易懂，编写了一本赫顿理论的概要；霍尔则在实验室里不断尝试，终于证实了火成岩经过缓慢冷却可以形成矿物晶体的观点。35年后，地质学家查理斯·莱尔在他的名著《地质学原理》中详细论述均变说。此后，赫顿的思想成为现代地质学的基础。科学家查尔斯·达尔文受此启发提出了举世闻名的物种起源学说。

不整合面

在赫顿的理论中，一个重要的证据就是不整合面的存在。所谓不整合，是指重叠在一起的两套地层年代不连续，中间出现过沉积间断或地层缺失的地层接触关系。它们的交界面，被称为不整合面。

1788年的夏季，赫顿与两位评论家——约翰·普莱费尔和詹姆士·霍尔偕同划船去了北海岸的西卡角。普莱费尔后来在文章中写道："当我们第一次看到那样的景象时，内心的震撼终生难忘……我们常常这样问自己，我们还能找到比这更有力的依据去验证赫顿的思想吗？它们完全能证明这些岩石不同的形成过程，并且这些岩石的形成年代已经非常久远。"

那天下午，他们看到的正是不整合现象。在峭壁上有一层层竖直并行排列的沉积岩，就像是架子上的书本，但他们的层面并不是水平的。与之形成鲜明对比的是，在沉积岩的上端却有许多层的层面几乎是水平的岩石横切而过，这些横切平面就是不整合面。很明显，岩层的垂直地貌是由沉积作用形成的：随着时间的流逝，沉积物逐渐上升并发生倾斜，最终成为竖直排列的岩层。而不整合面的形成则归结为长年累月的侵蚀作用：岩石上方原有的倾斜岩层被风化溶解，形成新的水平岩面，接着新的沉积物重新在此平面上沉积上升，形成的层面几乎是水平的岩石。就这样，年深日久，最终成为他们所看到的峭壁。赫顿理论强调地质侵蚀作用的无限循环性，强调在这一过程中沉积的岩层趋向于竖直排列。在毋庸置疑的铁证面前，普莱费尔和霍尔很快成为赫顿最忠实的拥护者。

安托万洛朗·拉瓦锡

安托万洛朗·拉瓦锡（1743~
1794 年）被誉为"近代化学之父"，
他建立的第一张元素一览表阐明了质
量守恒定律。他还揭示了物质燃烧的
本质，并指明了氧气在燃烧中的作用。

1743 ~ 1794 年

由于牛顿和伽利略等科学家的涌现，到了 18 世纪，科学工作者对物
体运动的机理和状态已经有了大概的了解。然而，在物质的组成成分和合
成途径方面，人们还缺乏基本的认知。这方面的研究仍局限于当时炼金术
士研究的"点金石"，他们相信这种物质可以使贱金属转变为黄金。有关
化学元素的认知尚处于萌芽阶段，大部分科学家依然相信古希腊人亚里士
多德提出的气、水、土、火四元素说。

18 世纪初，炼金术士在某种程度上仍是研究物质领域的前驱。例如
德国的术士乔治·施泰尔曾提出过一套解释物质燃烧的理论"燃素说"，
并成为此后 50 年科学界争论最热烈的话题之一。施泰尔认为任何可燃物
质都含有某种特殊的"活性"物质，而这种物质就是所谓的燃素，当物质
在加热时空气便将其中的燃素吸取出来，从而发生燃烧现象。

这场关于自然物质属性的争论旷日持久。与此同时，化学家们则寻找到
一种更加实际的探索途径，即实验、观察和证明三步骤法。英国工业革命在
一定程度上推动了化学学科的发展，约瑟夫·普里斯特利等杰出化学实验者
相继出现。不过若要论化学研究中最伟大的开拓者，则非法国人拉瓦锡莫属。

拉瓦锡在研究中曾借鉴了不少英国化学家的功绩，尤其是普里斯特利
的研究成果。事实上，某些理论的归属问题至今仍存在争论。但毋庸置疑

的是，拉瓦锡的工作大大推动了化学的发展。例如，拉瓦锡提出，任何物质都以3种状态（或三相）存在，即固态、液态和气态。关于气态物质，他明确地指出空气是具有质量的物质，同时还认为它很可能是多种气体的混合物。关于这一点，他最终通过实践得出结论：空气主要由两种气体成分组成，一种是氧气，另一种是氮气（在当时称作氦气）。拉瓦锡还与其他科学家一起，通过实验证明水是两种气体（氢气和氧气）的化合物。此外，他还否定了燃素说，并建立起近代燃烧理论。

拉瓦锡是一位细心谨慎的实验者，他推崇的是实验的精确性，并由此建立了质量守恒定律：在实验中无论物质发生什么变化，其质量都不会有任何的增减。该重要定律的提出，不仅促使他发现了燃烧的基本性质，而且对整个化学研究而言，奠定了所有物质实验的理论基础。拉瓦锡还在他的杰作《化学概要》中，首次明确地指出化合物是由多种元素构成的。他在书中这样写道："我们必须坚信实验事实。这一切都是物质本身的性质，无法捏造。无论如何，我们都应该根据实验现象来确立自己的观点……"

■ 年轻的律师

安托万洛朗·拉瓦锡出生于1743年8月26日，是家中长子，父亲名叫吉恩·安托万·拉瓦锡。拉瓦锡3岁时，母亲艾米莉·普克特斯就因病撒手人寰，他是由受人敬重的克莱曼斯·普克特斯阿姨一手拉扯大的。普克特斯家族非常富有，拉瓦锡的成长历程可以说是无忧无虑。长大后，他被送到了人才辈出的巴黎马萨琳学院，主修科学和法律两门课程。良好的法律素养无疑增强了他的表达能力，他的观点表述得往往流畅而清晰；另一方面，这也使他在科学工作中具有致力于寻找证据的思维倾向。在校求学的闲暇时间，拉瓦锡还常常去旁听化学课。

1763年，拉瓦锡毕业后成了一名律师。出于研究兴趣，他和好友吉恩·埃迪恩·盖塔（地质学家）一起跋山涉水，走遍法国各地为各种矿物分类。1765年，他利用自己刚掌握的化学和矿物学知识，撰写了一份论述石膏性质的报告，递交给法国的巴黎科学院后立即在巴黎产生了轰动。拉瓦锡一生对公共事业具有浓厚的兴趣，由于他出色地完成了巴黎街道照明的设计而获得巴黎科学院的嘉奖。第二年，年仅23岁的他便被科学院破格授予"名誉院士"的称号。

大概在这个时期，拉瓦锡继承了母亲的大笔遗产，他斥巨资入股了农垦总局的公司。这家公司须付钱给政府，同时也被允许征收税款。这是一笔颇为可观的收入，拉瓦锡因此一生都过着衣食无忧的生活。由于征税的农场主常遭到人民的愤恨，这为他日后罹受的横祸埋下了隐患。

加入农垦公司还为拉瓦锡带来了美满的姻缘，不久他就与另一位农场主年仅 13 岁的漂亮女儿玛丽·圣安妮·皮埃尔·鲍尔兹喜结连理。虽然成婚时拉瓦锡已年近 30，两人年龄差距较大，但事实证明两人的结合堪称天造地设的良缘。对于拉瓦锡而言，玛丽的意义远超过一名得力的科研助手：她在实验室里协助他工作，并师从著名画家雅克·路易斯·大卫，为拉瓦锡的科研结果绘制一张张栩栩如生的草图。此外，她为了帮助丈夫翻译论文还自学英语。

■ 拉瓦锡在实验室

拉瓦锡拥有的丰厚财富令他得以置办当时设备最齐全的化学实验室，在那里，他设计和实践了一系列重要的实验。

首先，他将燃素说用实验加以验证。他在对硫磺、白磷等化学物质进行燃烧实验后，发现这些物质燃烧后质量并未减轻反而加重，便提出了新的燃烧理论：即物质在燃烧时并

> "我们必须坚信实验事实。这一切都是物质本身的性质，无法捏造。无论如何，我们都应该根据实验现象来确定自己的观点……"

没有释放燃素，而是从空气中吸收它。虽然尚未揭示出全部的真理，但他已经迈出了极其关键的一步，接着，他决定以英国科学家的学说为基础找到空气中的这种物质。正如拉瓦锡自己所言，他的研究观念是："将我们掌握的空气知识（如空气与燃烧性质的关联，以及空气怎样从物质中释放等认知）与其他已有的知识联系起来，形成一种新的理论。"通过实践，他成功地建立了现代广为接受的燃烧学说。

空气和水

1774年，英国化学家约瑟夫·普里斯特利收集加热氧化汞时产生的气体，并对这种气体的性质加以研究。结果，他惊奇地发现蜡烛在这种气体中燃烧得更旺。次年，他到巴黎造访拉瓦锡，并向他叙述了这个现象。出于惊喜，拉瓦锡立即对这种气体和空气进行了一系列实验。

拉瓦锡的研究成果如下：他发现空气由两种气体组成，一种是普里斯特利发现的气体，这种气体能促进燃烧，他称之为氧气；另一种则是现在所知的氮气，在当时被他称为氮气。"氧气"一词在希腊文中的原意为"酸素"，原因是拉瓦锡错误地认为所有的酸都含有这种新气体。

更难能可贵的是，拉瓦锡进一步发现，燃烧作用和呼吸作用的共同点在于都有氧气参与。我们进行呼吸作用时，肺从空气中吸收氧气并释放二氧化碳。他还指出，氧气和金属反应后便形成氧化物，这个过程就叫作氧化作用。铁生锈、有机物腐烂、木材燃烧等都属于氧化反应。

面对已有的巨大成就，拉瓦锡并没有止步不前，他转而开始对水进行研究。普里斯特利和其他英国化学家们（包括亨利·卡文迪什等）此时也注意到，在自然条件下，闪电可以使氧气和氢气快速结合形成露珠。拉瓦

↓拉瓦锡实验室的纪实彩色画页，由拉瓦锡的妻子兼得力助手玛丽手绘。

锡则敏锐地进一步将露珠成因发展为水的成因，并得出氢气和氧气可以化合形成水的结论。

燃素和燃烧

在 18 世纪，关于燃素学说的争论可以说是科学界最激烈的斗争了。事实上，这是聚焦于新旧学派之间的争端——由炼金术发展而来的燃素旧学说，以及由新兴的化学学科主张的元素学说。

炼金术士依然坚持古希腊人提出的四元素说，认为天地总共由 4 种元素构成：气、水、火和土。而化学家们则倾向于罗伯特·波义耳的观点，即任何物质都由许多基本物质（也称"元素"）构成，一切物质都是元素微粒的集合体。假设波义耳的学说是正确的——元素只能混合在一起却不能转化——那么四元素说显然是错误的。

炼金术士和化学家之间的辩论愈演愈烈，全部焦点逐渐集中到对燃素说的争论上。燃素说的基本观点是：任何可燃物都含有一种特殊的"活性"物质，被称为"燃素"。当物质在加热时，空气便将其中的燃素吸取出来，从而产生燃烧现象。由此可以得到推论：任何物质在燃烧时，重量一定会减轻，这是因为它失去了燃素之故。起先，这个理论的解释看起来天衣无缝，被奉为经典的科学学说，然而不久之后它便受到了质疑。拉瓦锡认为要验证其正误，只要在燃烧前后分别称量物质重量即可见分晓。在一个著名的经典实验中，他在一个密封容器内燃烧了一小片金属锡，实验后发现经充分燃烧的锡金属加重了，而容器内部的空气质量则随之减轻了。在整个过程中，容器内部的物质仅仅是转移了位置而已，所以并没有发生任何的质量损失。这个实验不但相当明确地否定了燃素说，而且还证明必定有某种物质在燃烧时进入到锡中。经过进一步的研究，拉瓦锡为这种物质命名为氧气。

在以下三个方面上，拉瓦锡的实验方法堪称是化学史上的重要转折点：第一，它使精确定量测定的方法成了化学研究的主要方法；其次，它彻底颠覆了燃素说，并阐明燃烧过程中有氧气参与；第三，它说明无论是什么化学反应，参与其中的物质都不会改变或消失，它们仅仅是交换了位置而已。

拉瓦锡很清楚自己的学说对整个科学界而言意味着什么，于是他决定向众人展示自己建立的科学新领域——实验化学。1787年，拉瓦锡出版了一本化学小册子，介绍如何根据性质为化学物质命名的原则，并建立了化学元素一览表，这本册子一直沿用至今。1789年，他又编写了巨著《化学概要》。

■ 社会应用和法国大革命

拉瓦锡不但在实验室工作中表现出色，而且还十分热心于研究成果的实际应用。从18世纪70年代到80年代，拉瓦锡撰写了许多与实际生活密切相关的论文，并将它们按类别分为200多个系列，内容涵盖生活的各个方面，如怎样辨别食品假货、怎样为布料染色、怎样在船上贮藏淡水、怎样制造出品质更佳的玻璃、怎样改善监狱的条件、运河中的水是否能够饮用等。所有这些，都是他在经过实验后反复思考得到的成果，对社会环境的改进起到了非常重要的作用。

不幸的是，当法国大革命来临时，即使巨大的科学贡献也没能够挽救他的生命。1793年，吉恩·保罗·马拉特上台掌权，胜利后的掌权者认为该是算旧账的时候了，尤其是那些在旧制度的保障下搜刮民脂民膏的征税农场主，此时更是成为众矢之的。拉瓦锡被拉出来接受严厉审讯并最终被判有罪，当他的朋友们以他在科学上的伟大贡献为由向法官求情、千方百计设法为他脱罪时，冷酷无情的法官却回答他们，"共和国不需要科学家"。1794年5月8日，拉瓦锡被推上了绞刑架。著名的意大利数学家约瑟夫·路易斯·拉格朗亲眼看见了处决过程，事后他痛心地慨叹，"他们可以在一瞬间割下他的头，但那样的脑袋或许100年也长不出一个来"。

约翰·道尔顿

1766 ～ 1844 年

约翰·道尔顿（1766～1844 年）是一位谦虚和蔼而又伟大的化学家，被誉为"当代化学之父"。他建立了当代原子和元素理论，为后世许多辉煌的科学成就铺平了道路。

18 世纪的科学家对原子并不陌生。事实上，这个概念早已存在了 2000 多年。例如，古希腊伟大的思想家亚里士多德（公元前 384～前 322 年）曾指出万物都可以逐级分割成比它们更小的物质。其他的古希腊哲学家却有不同的想法，特别是德谟克利特（公元前 460～前 400 年），他认为物质是由小微粒构成，而且微粒之间仍然存在间隙，这一点和现代科学家的看法几乎一致。德谟克利特认为构成物质的微粒是最小的物质，于是将它们称作是"原子"，该词在希腊语中是不可分割的意思。

然而人们却很难想象这样的微粒构成空气或水的过程。原子理论的提出也并没有影响人们对亚里士多德的崇拜，亚里士多德的学说似乎在当时更具说服力。此外，亚里士多德提出世界由土、水、气、火构成的四元素论，在当时被世人奉为真理。在现代，科学家们认为物质以固态、液态、气态和等离子态 4 种状态存在，这与四元素论有着异曲同工之妙。

到了 17 世纪，科学家才逐渐开始对亚里士多德的观点产生怀疑。爱尔兰科学家罗伯特·波义耳（1627～1691 年）指出，除了 4 类基本元素外，世上还存在其他组分，这些基本的纯元素相互化合，便形成了化合物。他还指出任何"化学"元素都具有各自独特的性质，而且都能以固态、液态、气态三态形式独立存在。波义耳认为原子不一定是最小的微粒，还有可能再对它们作进一步的分割。

在人们开始应用实验对已有理论进行证明后，科学家们发现空气和水都是由多种物质组成的，这样一来，亚里士多德的理论就被彻底推翻了。首先，约瑟夫·普里斯特利（1733~1804年）和安托万洛朗·拉瓦锡（1743~1794年）等化学家发现空气是由氧气和氮气等多种气体组成的混合物；紧接着，拉瓦锡又发现了水是氧气和氢气的化合物。他甚至还制作了一批基本化学元素周期表，其中包含最新发现的水和空气的组成物质。此时距德谟克利特生活的年代已有2000多年，原子理论终于又重新被世人所接受，并得到了足够的重视。

尽管如此，依然无人知道元素究竟是什么，也没人试图找出元素和原子之间的关联。人们只能假设，如果物质（包括空气）是由原子构成的，那么这些原子应该是完全一样的微粒。约翰·道尔顿凭着过人的智慧，通过实验和论证终于得出了空气中各类气体的原子组成各不相同的结论。接着，他又进一步将以前所有原子理论方面的研究加以汇总，为现代科学的发展打下了坚实的基础。道尔顿还指出，同一种元素的所有原子都相同，而与所有其他元素的原子又截然不同。他还阐明了化合物的合成机理是两种不同元素的原子结合的过程。虽说前人早已初步建立了原子理论，但道尔顿对该理论的最终建立和完善功不可没。

■ 在湖边的童年

约翰·道尔顿于1766年9月5日出生在英国湖区沿岸的坎伯雷城镇中的一个贵格商会会员的家庭。他幼年时聪敏好学，十几岁时才智已不亚于当时任何一位杰出学者，被称为天才少年。12岁时，道尔顿便可胜任当地小学教师的工作。当时负责教他科学的是一名贵格会教徒——亲戚伊莱休·鲁宾逊。

1781年，年仅15岁的道尔顿来到湖区的另一端，在一家寄宿学校任教。在这里，他结识了赫赫有名的盲人科学家约翰·高夫。在这位大科学家的启蒙下，他得以迈入研究数学和自然科学的殿堂。著名诗人威廉·华兹华斯曾在诗歌《远足》中这样形容约翰·高夫："我想我是看到他了，他的双眼在浓厚的眉毛下炯炯有神。"由于湖区天气变化多端，在高夫的

↑约翰·道尔顿收集沼泽地中的气体。对气体进行的大量观察和研究，在道尔顿心中播下了建立原子理论的种子。

鼓励下，道尔顿开始进行气象监测。

■ 气象观测员

在接下来的 15 年中，道尔顿坚持每天记录天气情况，记录总数达 200 000 多篇。他在气象学方面的兴趣极为浓厚，而且终其一生不曾减退，他的成果在气象学史上也堪称里程碑式的突破。有些人甚至提出，他不仅是"化学之父"，还应该是"气象学之父"。

道尔顿对其他科学家的观点总是保持着怀疑的态度，并坚称唯有亲自证实才会接受这些思想。"之前由于太过轻信，才导致我在学术上走了不少弯路，"他写道，"于是我决定，宁可发表很少的言论，但句句都必须建立在自己实践的基础之上。"他并不是一个观察特别细致的研究者，也称不上是一名杰出的实验科学家，然而，宝贵的怀疑精神和独到的洞察能力为道尔顿带来了巨大的成就。

几年里，道尔顿陆续完成了《关于气压计》、《关于温度计》、《关于湿度计》、《论降雨》、《论云的形成》、《论蒸发》、《论水蒸气的运动》等多篇气象论文。他是首位认识到降雨实质的气象学家，不但否定了压强变化导致大气中的水蒸气变成雨滴的说法，而且还指出降雨是温度降低时空气负载水蒸气的能力下降所致。1788 年，道尔顿亲眼看见到壮观的北极光现象，并颇具先见之明地指出它的成因是地球的磁场作用。在当时，乔治·哈德里（气象学家和物理学家）已经提出空气在赤道与两极回流的理论，道尔顿在对此全然不知的情况下仍然正确地推导出信风的成因，指出这是地域的温度变化和地球自转的双重作用所造成的现象。

对色盲的研究

在研究气象之余，道尔顿偶尔发现他和哥哥无法分辨一些常见的颜色，这个情况引起了他的兴趣。他成为历史上首位采用科学方法研究色盲病症的人，直到现在人们还将先天性红绿色盲称作"道尔顿症"。他仔细整理了色盲病症的研究资料，并于 1791 年发表了生平第一篇论文，题为"观察研究视觉色差的离奇真相"，同年他被选为曼彻斯特文学哲学学会的会员。

道尔顿怀疑，问题在于自己眼睛内的血液是蓝色的，于是要求在死后捐献眼球供确定色盲真相。但他死后的验尸报告表明其血液颜色完全正常。到了 20 世纪 90 年代，科学家应用生物技术重新对皇家学院保存了 150 年的眼球进行了 DNA 测试，结果表明，该眼球中缺乏一种对绿色敏感的色素成分。

发表原子论

道尔顿在曼彻斯特学会的刊物上陆续发表了多篇论文，并于 1817 年当选为学会会长。此后，他辞去了原先的全职教师工作，开始在学会创办的中学里为会员子女做家教，以此资助自己的科学研究。道尔顿的大多数最有价值的论文都著于 19 世纪早期。

闲暇时间里，道尔顿继续在科学王国中寻觅真理，他发展了原子理论，指出当时发现的氢、氧、氮等所有元素都是由原子构成的，并认为原子是"固态的、坚固的、不可渗透的、可运动的微粒"。

长久以来化学家们都在思索同一问题：什么是元素？它们是如何组

合？道尔顿对原子的阐释就像一把打开通往真理大门的钥匙。人们很快接受了这个观点，大量的研究也集中到原子课题上。

道尔顿的原子学说

在道尔顿的早期论文中，他关注的是空气压强与空气饱和水蒸气浓度的关系。与当时的解释截然不同，他认为空气是由多种气体组成的混合物，而不是像水一样的化合物。在实验中，道尔顿观察到纯氧气负载的水蒸气量不如纯氮气，他凭着直觉，天才般地提出这是由于氧原子比氮原子个头更大、质量更重造成的。"为什么不同气体对水蒸气的负载量不同呢？"他思索着，"这个问题反复在我脑海里盘旋，虽然现在证据还不够充足，但我几乎已经可以确定主要是各种气体中基本微粒的质量和数量的不同在起着决定性的作用。"

在一篇于 1803 年 10 月 21 日发表在曼彻斯特学会会刊的论文中，道尔顿在原子理论方面又有了突破性的进展，"据我所知，研究基本微粒的相对质量是一个新课题。最近我一直在钻研这个问题并获得了一些成绩。"接着，道尔顿阐述了获得不同元素气体的基本粒子质量的过程，也就是计算原子量的方法。他还表示，每种元素的原子在结合成化合物时往往遵循极简单的比例关系，因此可以在已知化合物中元素质量的条件下计算得到未知原子的质量，这种方法被后世称为"定比定律"。

道尔顿还认为氢气是最轻的气体，于是就把氢的原子质量定义为1。由于氧气和氢气可以化合形成水，他便计算出氧的原子质量是7。但道尔顿在这个过程中忽略了一个问题，那就是相同元素的原子可以互相结合。他错误地假设复合原子，即分子，仅仅只有一种元素的一个原子。半个多世纪后，意大利科学家阿梅德奥·阿弗加德罗纠正了这一错误，并提出利用分子比例计算原子质量的正确方法。然而，无论如何我们都不能否认道尔顿原子学说重要的历史意义和科学意义。他提出的"每种元素的原子大小都是唯一的"理论在当时备受推崇和赞扬。

然而，当时的部分科学家却认为道尔顿的科学观点站不住脚，并极力贬低道尔顿的伟大功绩，指出他的原子论是基于前人的基础才提出的。不管怎么说，正是道尔顿对已有的理论加以归纳和整理，才建立了这门主流学科，原子论对科学的巨大贡献也是不容置疑的。正如道尔顿传记的作者弗兰克·葛林纳威所说，自从道尔顿提出了原子论，"我们发现新的物质，获得新的能源，从而克服了一个又一个疾病，并开始探索生命的机理"。

■ 脱离尘世的英雄

道尔顿在任教师期间备受学生和家长们的爱戴。发表原子论之后，他在科学界的名望与日俱增。然而道尔顿却终生未婚，一直过着独居的生活，即使在成名后仍然保持深居简出的隐居生活，并把毕生所有的时间都奉献给了他的学生和科学工作。纵观道尔顿的一生，他始终过着俭朴的生活，他最爱穿的行头就是朴素的贵格会会员服装。

1810 年，法国皇家学会注意到这位"隐士"卓越的科学贡献，便力邀他加入。由于入会需要一大笔费用，出于囊中羞涩的窘迫，道尔顿不得不婉拒了这个邀请。然而学会又在 1822 年选举他为会员，并付给他选举费。就这样，道尔顿成了法国皇家学会的第一位外国国籍会员。

道尔顿的后半生依然平静朴实。他的个性独立固执，对科学研究的态度也越来越闭塞保守。在他发表原子论之后，他拒绝接受任何相对进步的科学理论，也不接受对他的原子学说所作的任何更正，但这丝毫不妨碍人们对他日益高涨的崇敬之情。当他于 78 岁中风逝世时，成百上千的颂词涌向曼彻斯特学会，而曼彻斯特城的人们也自发为他举行了与国葬规模相当的盛大葬礼，出席的哀悼者多达 40 000 人。

迈克尔·法拉第

迈克尔·法拉第（1791～1867年）堪称有史以来最杰出的实验大师，同时也是一位富有想象力的物理理论家。他突破性地提出了自然界的力场是相互连接的观点。法拉第发明的电动机和发电机为未来掀起的电子革命铺平了道路。

1791 ～ 1867 年

　　迈克尔·法拉第生活的那个年代，对于电的研究是当时社会上流行的新兴的话题。科学家们尝试旋转滑轮装置使玻璃和硫黄之间发生摩擦，产生静电，杂技演员也在舞台上进行类似的表演以博得观众的喝彩声。意大利的解剖学家路易吉·伽伐尼（1737～1798年）利用电击使已死的青蛙双腿发生抽搐，于是他认为自己发现了某种强有力的生命力量——"生物电"，能够令肌肉和骨头复生。随后，科学家们便不断地尝试通过电击令死人复活，玛丽·雪莱的著作《科学怪人》对这些怪现象均做了如实记录。

　　把电当作生命的力量，为公众带来了无穷的幻想空间，但也令一群不切实际的科学家异想天开，甚至做了一些匪夷所思的事情。例如，安德鲁·尤尔曾于1818年做过一件骇人听闻的事情，他搬来英国格拉斯哥死刑犯马修·克莱兹代尔的尸首，通过电击使尸体像木偶一样颤抖跳动；另一位震惊科学界的是安德鲁·拉克罗斯，他曾在1836年宣称用电创造了一种名为蠕虫的昆虫。在这批空想家大肆制造这场关于电的闹剧的同时，实验科学家们却在潜心摸索电的真实面目，终于大大加快了人类对电的认识。

　　18世纪90年代末，亚历山德罗·沃塔发现在化学反应中可以产生电，并于1800年制造了世界上第一个电池。随着沃塔式电池（当时也称其为"槽"）的问世，电成了可以随时应用的能源。很多科学家发现，电可以在闭合回路中流动。安德鲁·安培在大量实验基础上总结了电流元之间的作用规律——安培定律，而乔治·欧姆发现电阻并建立了欧姆定律。

1820年，丹麦科学家汉斯·奥斯特注意到，电流能使指南针的指针发生旋转。这是人类首次发现电与磁两者之间的相关性，很快成为物理学家广为关注的焦点问题。19世纪20年代至30年代，不少物理学家都致力于解开电磁关系之谜，法拉第便是其中之一。

法拉第的实验态度极为谨慎细致，思维方式也颇具创造性，再加上他敏锐的理论领悟力，这些把他推到了所有重大成就的最尖端。他在听取了奥斯特的演讲报告后，很快就搭建起一个天才式的实验模型，揭示了电与磁之间的关系：磁铁在电线附近发生转动，电线在磁铁周围也会转动。不久他便发现了电动机的工作原理。

10年后，法拉第的理论有了更大的突破，他发现磁场的变化能创造（或者"诱导"）电流。几乎是同一时间，美国的物理学家约瑟夫·亨利也发现了电磁感应定律，这意味着人类可以制造发电机得到大量的电，这为后来电灯和无线电设备的诞生奠定了坚实的理论基础。

然而，法拉第最辉煌的成就还不只这些。他还发现了电解的机理，即化学物质在电的作用下发生分离现象的原理。更引人注目的是，他将所有物理力之间的基本单位统一化，这些力包括电、磁、光以及重力等等。他还提出"场"的概念，这一重大发现为现代物理学和现代技术奠定了基础，电视机和移动电话的问世正是基于此原理才得以实现的。

■ 贫穷的孩子

法拉第出生的时代，科学研究的权利大都掌握在富人们手中。究其原因，不仅因为建造实验室需要大量资金，而且要进入科学界必须通过界内人士介绍，这一切都需要借助于富人的财富和社交圈。法拉第出生在一个贫寒的铁匠家庭，他的故事已经成为一个穷人自学成长的传奇。英国前首相玛格丽特·撒切尔尊称法拉第是自力更生的典范，对他脚踏实地的创业精神非常赞赏。

法拉第从小生活在伦敦附近的一个穷困地区，距离大象堡地区很近。由于父亲身体伤残，几乎无法维持一家人的基本生活，法拉第的童年生活非常清贫，甚至连续几周才能吃一次面包。尽管如此，他还是很庆幸自己能到乔治·雷伯在布兰福德街上的装订店里当学徒，当时法拉第年仅13岁。

好学的法拉第在店里不甘于仅是跑跑腿，他学会了如何装订书本，还如饥似渴地阅读店里的书籍，尤其是那些有关科学主题的内容令他受益匪浅。他回忆道："在早年，我是个特别容易沉湎于幻想的人，我像相信《百科全书》一样地轻信《一千零一夜》中的神话，但科学作品里面蕴含的真理挽救了我。从此我便开始信奉真理。"法拉第迷上了科学，善良的雇主也被他对科学的热情打动，允许他在装订店附近搭建自己的临时实验室。

物理学家的学徒

机会终于降临到这个勤奋贫苦的孩子身上。当时的皇家学会是个人才云集的科学团体，店里的常客威廉·丹尼斯就是学会会员。在听闻法拉第对科学孜孜不倦的事迹后，丹尼斯便赠给法拉第一张著名科学家汉弗莱·戴维科学演讲报告会的门票。这对穷苦的法拉第而言简直是无上的荣耀，他毕恭毕敬地伸出双手接过了珍贵的门票。在演讲会上，法拉第完全被精彩的演说迷住了，他怀着激动的心情飞快记录下戴维教授的每一句话。会后他认真地把戴维教授的讲演记录整理好，配上精致的插图并精心装订成册，一起送到皇家学会戴维教授的手中。

法拉第刻苦的求学精神和严谨的治学态度让戴维深受感动，他后来到皇家学会开始担任戴维的科研助手，时年 21 岁。第二年，戴维到欧洲各地观光旅游，法拉第也一同前往，并通过导师结识了许多当时世界上顶尖的科学家，如安培、沃塔、盖·吕萨克等人。通过与这些科学界巨匠的对话，法拉第的科学素养获得了极大的提高，最终有所成就。短短几年内，法拉第不仅协助戴维完成了实验工作，而且在自己的实验课题上也有所突破。

1820 年，奥斯特发现电磁之间存在着某种联系，引起了科学界的广泛关注。次年，皇家学会要求法拉第撰写一篇近期电磁学方面的研究综述。法拉第基于自己对电学的理解，谨慎仔细地整理资料撰写报告，同时还开展了相应的实验，其中包括第一个电动机原理的演示实验。据说，戴维教授对此大为恼火，原因是他也做过类似的尝试，却不幸失败了，而弟子法拉第却没把实验成功的荣誉归功到自己名下。一些史学家还认为，由于戴维一直对此事耿耿于怀，因此在法拉第进入皇家学会前的票选决议中，他投了反对票——尽管戴维本人或许是把自己这种公然的表态仅仅看作是避免偏袒之嫌的行为（而不是报复）。

■ 演讲者法拉第

法拉第非常清醒地认识到，如何把自己的发现公布于众是极其重要的，于是他请来了有名的演讲老师本杰明·斯玛特，虚心向他请教在公众面前如何表达自己的观点。1826年，法拉第开始在公共场合做一系列的演讲，他把这叫作"星期五夜晚讨论会"。在每次演讲之前，法拉第都会非常慎重地准备实验资料，寻找最好的表达方法。他的研究成果很快传遍各处，在一些公共场所，人们更是以谈论法拉第的话题为时尚。其中最著名的表演场景是他站在一个铁笼内，而笼外则发射出耀眼的电光。法拉第完全能肯定铁笼形状可以保护他免受电击的伤害（静电屏蔽原理），但对台下的观众而言，这无疑是一次惊心动魄的体验。

更著名的是他为孩子们作的"圣诞节演说"，这已成了现在皇家学会的传统节目之一。其中最著名的圣诞演说系列是"一支蜡烛的化学史"，

他将自己比做一支蜡烛，为孩子们讲述大量的科学观点，内容从化学元素到人类呼吸的作用，包罗万象。"再没有比这更好的了，"他说道，"以考虑一支蜡烛的物理现象为起点——没有比这更容易迈入自然哲学大门的途径了。"

1830年，法拉第已经在皇家学会完全安顿下来。他的实验室在地下室，演讲会在一楼和二楼进行，而他和深爱的娇妻萨拉则住在顶楼的小屋。

■ 达到事业巅峰

法拉第在年近50岁时，身体逐渐开始出现衰弱的征兆，他的头痛病常常发作，还常常遗忘一些事情。不过他的

↑博物馆工作人员在演示"法拉第笼"的功能。这个笼子可以保证电子无法进入里面，在实践中可应用于保护电子设备免遭闪电的电击。

体质依然很好，能够在 10 小时内翻越阿尔卑斯山走完 73 千米的山路。但是，由于用脑过度，他的大脑越来越需要休息和调整。尽管如此，这仍是他一生收获科学成就最多的黄金时期。

在电与磁的统一性被证实之后，法拉第决心寻找光与电磁现象的联系。1845 年，他开始研究电磁对透明材料的光极化效应。在试用各种材料后，他发现原本没有旋光性的重玻

> "以考虑一支蜡烛的物理现象为起点——没有比这更容易迈入自然哲学大门的途径了。"

璃在强磁场作用下会产生旋光性，并使偏振光的偏振面发生偏转。这是人类第一次明确地认识到电磁现象与光现象间的关系。后世的科学家以此为基础，陆续发现了完整的电磁波谱，包括电视电磁波、微波、X 射线、伽马射线等光波的具体波谱。

也是在这个时期，法拉第开始发展力场的概念。"场"这个字眼最早是威廉·汤姆逊（格拉斯哥数学家）提出来的，随后詹姆斯·克拉克·麦克斯韦（物理学家和数学家）对该理论作了一定的发展，并建立起电磁场理论。从法拉第的角度来看，麦克斯韦或许是世界上唯一理解自己观点的人。无论如何，在麦克斯韦之前半个世纪，是法拉第创立了场的思想，而且在当时已经发展得十分丰富且相当全面。

■ 最后的岁月

随着年岁的增长，法拉第的病患也日益严重，即使在平静的生活中，这仍令他痛苦不已。他越来越依赖自己的妻子萨拉，并昵称她是自己"思想的枕头"。病魔折磨着他的思维，他在书写中常常拼错单词，头痛症和失忆症发作的次数也越来越多。1862 年，他在给朋友舒贝尔的信中这样写道："我一次次地撕碎信纸，因为我写的内容根本毫无意义，我甚至无法流利地写完一行不出错的文字。康复的希望极其渺茫，我想我再也不会写什么东西了。"

英国女皇为表彰法拉第的突出贡献，在英国凡尔赛·汉普顿宫为法拉第夫妇安排了优雅舒适的住房。1867 年 8 月 25 日，一代科学巨匠法拉第安静地走完人生之路，享年 76 岁，遗体安葬于伦敦的海格特公墓。

自然的力

牛顿提出了重力概念，人们因此意识到自然界存在一种不可见的力，它可以越过空间施力，但除此之外没有更多的相关思考。直到19世纪早期，这种"远距离作用"才引起科学家高度的重视，并掀起了一股研究热潮。1830年，托马斯·杨和奥古斯汀·菲涅耳发现，光的传播并非如牛顿所言以微粒形式传播，而是以波动形式或称振动形式传播的。假定这是对的，那么究竟是什么在振荡呢？为了解释这个现象，科学家虚构出了一个无质量的物理概念——"以太"，用来回答种种疑问。

法拉第则发展了另一套理论。他开始设想一个布满了力的作用线的空间场，而且描绘出一幅清晰的场的图像——类似磁体周围小铁块的排布方式。这说明不存在远距离的作用力，当物体被放到场的作用线上时就会移动，这不是臆想，而是真实存在的物理力。法拉第认为电磁感应现象的原理可以这样解释：移动磁体时，磁体周围的磁场力线也开始移动，从而产生了携带电荷的电流。

如今，场的概念早已渗透到物理学科的方方面面，然而在法拉第生活的那个年代，几乎没有人能理解他的观点，更不用说认同了。人们能够看到磁场的作用，但电磁场的概念却令他们难以接受，数学家们更是以数学依据不充分的理由抨击了法拉第的场理论。1855年，法拉第在书中坚持自己的观点："没有人理解场的物理意义，它是看不见的。但是我相信，未来的实验研究将会证实我在多年前提出的观点……我愿意等待，我自信坚持的是真理。"事实证明他是完全正确的。

查尔斯·巴贝奇

查尔斯·巴贝奇（1791～1871 年），有时也被称作"暴躁的天才"，卓越的英国数学家。他是机械计算器的创始人和"思考"计算机的先驱者，使计算机时代的来临提前了 150 年。

1791 ～ 1871 年

据说在 1821 年的某晚，年轻的巴贝奇和他的伙伴约翰·赫舍尔对两大本天文数表评头论足，为天文学会的计算做准备，结果在核对时却极其郁闷地发现计算结果错误百出。而引起这么多错误的源头就是人们所用的"计算器"——数表上有极多的差错，巴贝奇目瞪口呆，他恼怒地喊道："天哪，但愿上帝知道，这些计算错误已经弥漫了整个宇宙！"这件事也许是巴贝奇萌生研制计算机构想的起因。

巴贝奇的不满情绪并非仅仅来自编排数表工作的枯燥和无聊，主要是因为这种方法的错误率太高，给计算带来了极大的不便。然而在当时，类似数表的计算工具在生活中却有着广泛的应用，科研工作、征收税款、工程建设、调查研究、保险业、银行业等各行各业的开展都少不了计算工具。例如，当海船扬帆起航时，航海员就得在船舱里逐行地查找表格中的数据，以确认船只所在的位置。

几千年以来，人们业已开发了一些工具来辅助计算，例如计数棒、算盘等。到了 17 和 18 世纪，莱布尼茨、布莱斯·帕斯卡尔等卓越的数学家逐渐开始设计出一些更方便的机械运算工具。这些设备精巧绝伦，但应用范围较小，而且还容易出错。究其原因是数据读取时存在错误，同时由于每一步都需要人工输入数据，难免会出现操作误差。

巴贝奇设想制造一种全自动的计算机，这样就能避免人工误差。他并非第一个提出该观念的人，但他是首先将这个想法付诸实践的科学家。巴贝奇的第一个成果就是"差分机"。所谓"差分"，就是用差分运算取代函数表的复杂算式，用简单的加法代替平方运算，依靠连锁嵌齿的快速运转编制不同函数的数学用表。

10年后，差分机的制造工程因故被迫中止，政府也收回了资助款项。然而巴贝奇并不气馁，他继续投入到下一个结构更复杂、难度更大的"分析机"的制造中。

尽管差分机可以完成非常复杂的运算并自动打印出结果，但其实质是一台智能的机械计算机。"分析机"则不同：现代专家仔细研读了巴贝奇的论文后，发现分析机可以被认为是当今所谓的"电脑"，即能够"思考"的机器。它可以对新问题做出及时的反应，并在没有人工控制的情况下，通过自身固有的方式解决难题。巴贝奇在制造分析机的过程中，几乎开发出现代计算机具有的所有机械元素，例如中央处理器（CPU）和各种内存条等。

引人注目的是，巴贝奇提出的观点是极为清晰的实用论断，远远高于当时的技术水平。后来他还设计了第二代差分机，相对之前的结构更为简单，操作也更容易。第二代差分机的设计图纸被保留在伦敦科学博物馆，该馆于1991年根据图纸制造了一台真实比例的大型差分机，并证实其所有功能均运转正常。依此类推，巴贝奇的分析机一旦被制造出来也一样能发挥出巨大的威力。如果真是这样，那么早在查尔斯·狄更斯（1812～1870年）生活的时代，人类就已经拥有计算机了。

■ 年轻的巴贝奇

巴贝奇于1791年的节礼日（圣诞节次日）出生于英国伦敦南部，富裕的家境使他能够去当地最好的私立学校念书。巴贝奇和父亲之间的关系一直不太好，用他自己的话来说，"世上最厉害的武器就是愤怒。"这段经历导致巴贝奇自我保护意识过强、易走极端，并直接导致了他一生的悲剧。

19岁时，巴贝奇被送到剑桥大学深造，他超人的数学天分在那里初露端倪。而他的激烈言论——"上帝是物质的"——冒犯了学校里不少的权威教授，这令他失去了第一名应得的荣誉，并在很长一段时间内都不被授予学位。然而，桀骜不驯的巴贝奇将所有不幸的事情全抛之脑后，不顾父亲的强烈反对，坚持和自己心爱的女人乔治娜·惠塔莫尔在伦敦成婚，并在当地定居下来。

巴贝奇才华横溢、才干出众，在工作中精力充沛。很快他就成为伦敦科学界的领袖人物，并协助创建皇家天文学会和解析学会，提高了解析计算和统计学的研究水平。因此当他在试验小规模差分机的制造后，于1821年向政府申请款项建造实比机器时，有一大批朋友和支持者均愿意为他的信用作保。

■ 天佑差分机

制造第一代差分机的工程是一项极富挑战性的工作。在这之前还从未出现过高于四位数运算的计算机，而巴贝奇的设想却是可以处理高达50位数的数据。这样的机器一经输入，便会自动完成所有的运算。为了造成这个机器，巴贝奇找到伦敦城里最好的机械师约瑟夫·克莱门特，请他协助制造差分机。他们建造了一间防尘的工作室，随即展开了艰难的探索之旅。他们隐秘细致的工作虽然不事张扬，却在无意中带动了周围的技术水平，北部的建造厂和工作车间的机械技术都因此得到大幅度的提升。

差分机中的每一个数字都由一列嵌齿轮代表，而每个嵌齿轮都被标上从0到9的10个数字。只要旋转相应的嵌齿轮就可以输入数据。这个机器模型总共由7组转轮组成，每个分别具有16个数位。差分机总共包含25 000个活动零件，为了使机器能够顺利运转，其中的大部分零件均要求一模一样。其零件之多、精密度之高堪称史无前例，技工们的手艺必须发挥到极致。此外，这项工程如同今日的太空计划一样，还衍生出了许多的科学新产品。例如工作人员约瑟夫·惠特沃思于20年后发明了惠氏螺纹栓，堪称是第一个标准化螺栓系统，从侧面彻底革新了工程学。

分析机

巴贝奇的分析机将现代计算机中的不少主要设备整整提前了100多年。例如，机械计算仪器存在的问题之一是无法连续运算，进行加法运算时，应该把每一列的数位相加再得到正确的答案。最初，巴贝奇决定为每个数位的结果都分别配置一个运算和存储机构，但这么一来机器就变得相当复杂。接着他又想到，可以把加法中的运算和存储结果两个过程分离开来。巴贝奇的分析机由两部分构成：第一部分是对数据进行各种运算的装置，巴贝奇把它命名为"工场"；第二部分是保存数据的齿轮式寄存器，巴贝奇把它称为"堆栈"。数据在"工场"中处理后，又会回到"堆栈"中储存起来。与现代计算机相比我们会发现一些惊人的相似：所谓"工场"就相当于现在的中央处理器，而"堆栈"就是存储器。

巴贝奇的另一项创新是我们现在所说的"程序"。当时杰卡德（法国机械师）设计并制造了自动提花织布机，他把编织图案的信息都"储存"在穿孔卡片的小孔之中，指挥织布机在布面上编织出所需的美丽图案。巴贝奇受这一发明的启发，在1836年时想到，穿孔卡不仅能够控制机器运行还能记录每个步骤的计算结果，很快他就把这个思路付诸实践。与如今的计算机相比，巴贝奇穿孔卡的功能就相当于程序和数据库的作用。

近几年来，科学历史学家仔细研究了巴贝奇的分析机手稿后大为惊奇，他们发现早在多年前，巴贝奇就预测到了现代计算机应用的各个特点和难点。然而在某种程度上，他对计算机的促进作用却被压制了。他的全部成就都被尘封在档案室中，直至计算机问世以后这些闪光的智慧结晶才得以重见天日。

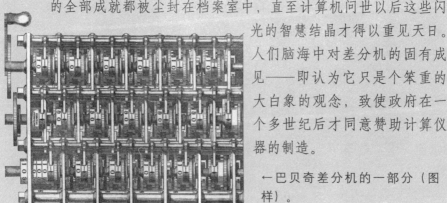

人们脑海中对差分机的固有成见——即认为它只是个笨重的大白象的观念，致使政府在一个多世纪后才同意赞助计算仪器的制造。

←巴贝奇差分机的一部分（图样）。

■ 缓慢的进度

受限于当时的技术水平，制造差分机的工程进度十分缓慢。经历了约 10 年的紧张劳作，全部零件只完成了不足一半。1832 年，巴贝奇为了对人们有所交代，取了一部分已组装完成的机械，并向人们展示了它的特殊功能。他认为现实世界在运行中还遵循着某种潜规则，这个潜规律在某个时刻会被触发，奇迹便在此刻诞生。这一思想后来成为进化论中的一个重要观点。

工程进行到这个时候，巴贝奇已投入了大量的时间和精力，还有他的 6000 法郎财产。政府也已经资助了不下 17000 法郎（相当于当时 25 台最先进蒸汽机的总价），并开始对这项明显难以完成的工程感到焦虑和厌烦。当巴贝奇和克莱门特因工钱一事发生争执时，政府断然宣布停止对巴贝奇的一切资助。

■ 艰难的日子

1827～1832 年这段时间是巴贝奇人生最灰暗的时期。他的父亲于 1827 年辞世，不久，他的儿子和心爱的妻子乔治娜也相继离他而去。与此同时，由于他对科学团体中拉帮结派的不良行径嗤之以鼻，他对此所做的过激言论被公开发表，招来了不少敌人。还有人诬告他借差分机的工程赚足腰包，这令他大受打击。项目被强行停止后，巴贝奇第一次拥有大量时间用来进行思考，也就是在这个过程中他逐渐意识到自己可以走得更远。于是巴贝奇开始了另一项重大发明分析机的研制。

分析机的设计草图完成后，由于政府依然拒绝对差分机的投资，巴贝奇不得不停止了进一步的研究，转而开始将注意力集中到其他事物上。由于出众的发明天赋和超人的智慧，他常常被邀请担任工程顾问。例如铁路工程师布鲁内尔曾经请教他轨距宽窄的问题。仅仅在铁路方面，巴贝奇就有不少的发明，如在火车出轨时及时解耦车架的装置，一种排障装置，以及用于火车的"黑箱"设备等都是他的杰作。

■ "数字女巫"

巴贝奇创造分析机的过程是孤立无援的，几乎没有人理解他的发明。幸运的是，1843 年他遇到了一位知音——年仅 27 岁的贵族女子阿达·洛甫雷斯（英国女数学家），她是诗人拜伦的女儿。阿达的数学造诣很高，她在给巴贝奇的信中写道："我学得越多越觉得学海无涯，就越是对学识贪得无厌。"巴贝奇也因此戏称她是"数字女巫"。阿达决定将巴贝奇的思想公之于世，并在出版分析机的意大利语册子里面加上大段的说明文字。

阿达在说明中提到了一个重要的观点，她认为这些发明不仅仅局限于纯数学领域的应用。她和巴贝奇二人已经预见到智能机器的广阔前景。阿达在书中写道，"很多人……认为，由于机器是以数字符号的形式给出结果，因此过程性质也相应地该是算术的和数字的形式……这是完全错误的。机器可以准确地排列和组合数字，同样的，如果把数字换作字母或是其他具体符号，它也一样能做好这些工作"。

■ 差分机终结

10 年后，阿达因患癌症于 36 岁时过早离开了人世，而她原先要为巴贝奇做的一切也就此停滞。舆论界认为她对分析机是过于投入了。其实，巴贝奇的观点在他们两人认识之前就早已成形了。

具有讽刺意味的是，阿达出版的分析机书籍在某种程度上破坏了差分机获得资助的机会。政府认为巴贝奇是借此表示自己对差分机的放弃，在巴贝奇与首相皮尔·罗伯特一次不愉快的谈话中，巴贝奇愤怒地对首相讲："如果这是你的观点，那我们没什么好谈的。"然后拂袖而去，这件事情最终宣告他与政府合作的失败。事后，皮尔还居心不良地嘲讽巴贝奇的机器"除了可以用来运算，几乎毫无用处"。

巴贝奇将分析机的所有优点加以综合，进一步画出结构更加简单精巧的差分机草图——差分机二代。科学博物馆于 1991 年按照他的设计图制造了这台机器。

←查尔斯·巴贝奇差分机的再造品。由伦敦的科学博物馆于 1991 年制造，其运行过程堪称完美。

■ 孤单的岁月

到了 19 世纪 50 年代，巴贝奇的日子越来越艰难。他和不少知名人士长期不和，甚至还在公众场合与他们争执不休，其中包括乔治·艾利爵士（皇家天文学家）、理查德·希普山克斯（艾利的朋友）牧师等人。正是由于艾利对巴贝奇工作的强烈指责，才导致政府停止在巴贝奇的项目上提供资金。巴贝奇因此控告他出于妒忌，蓄谋恶意破坏自己的事业。相比较而言，他和希普山克斯之间的争斗则更为激烈。

■ 巴贝奇与瑞典人

60 岁时，巴贝奇渐渐对自己的事业失去了信心。1854 年，一位名叫乔治·舒德斯的瑞典印刷工出现在了巴贝奇的生命中，这名印刷工曾在 20 年前阅读了巴贝奇的作品，出于兴趣自己制造了一台做工粗糙的差分机并把它带到了伦敦。

舒德斯原先担心巴贝奇会把自己当成对手，不知道他在看到自己的机器时会作何反应。然而巴贝奇张开双臂热烈地欢迎了他，并千方百计地帮他寻找伦敦的熟人改善机器的性能。

舒德斯于 1857 年作出了如下的推测："（巴贝奇）在未来一定会被人们广为称颂，他是全人类中最杰出的人士之一，同时也是最尊贵最具有才华的英格兰之子。"

然而，舒德斯的差分机和巴贝奇的遭到了同样的命运，除了好奇的眼光之外，没有受到任何应有的关注，因为在当时借助数学表和人工计算更为便利。巴贝奇坚持不懈地研究分析机，并撰写了一大批颇具水准的科学论文，如"密码和代码"、"国际象棋"、"撬锁工具"、"工程经济"、"地理学"、"潜水艇"以及"天文学"等，涉及当时许多科学领域。

晚年，巴贝奇的身体日渐衰弱，他的夜晚常常被噩梦缠绕，扭曲的幻觉和严重的头痛影响了他的正常睡眠。屋子外的街道上音乐人吵闹不已，极度刺耳的奏乐常常令他心神不宁。1871 年 10 月，巴贝奇已病入膏肓。18 日那天，伴随着街上喧吵的风琴声，一代伟人静静地长眠于家中。

查尔斯·达尔文

查尔斯·达尔文（1809～1882 年）提出的进化论极大地改变了人们对自身起源的固有看法，是科学史上少有的影响深远的理论之一。进化论描述了包括人类在内的所有生物经历长期的自然选择发展进化的过程。

1809 ～ 1882 年

在 18 世纪的大部分时间里，植物学家在林奈等人的研究基础上，仍然不断在世界各地发现新的植物品种，并对它们进行分类。此外，动物学家们也在做着类似的分类工作。他们不懈努力的成果之一是不少新的大型植物园和动物园的建成，如地处伦敦西郊丘园的皇家植物园等。

科学家和神学家都对物种的起源提出了疑问：它们是怎样起源的？为什么每个物种看起来都与生存环境匹配得天衣无缝？例如鱼儿能在海里畅游，而鸟儿则在空中翱翔。

当时大众普遍接受的正统观点都来自神学。根据《圣经》的万物起源所言，"上帝创造了每一个能运动的生物……每一只有翼的鸟禽……以及所有能在地球表面爬行的物体"。神学家相信，所有种类的物种都是由上帝一次性创造的，它们从一开始就能完全适应周围的生活环境。直到现在还是有不少神学家相信这套理论。1802 年，神学者威廉·佩利还为此给出了强有力的例证：假设你在沙漠中找到一只手表，你一定知道是某个手表匠制造了它。至于这个手表做得怎么样，则完全取决于手表匠自身的手艺。

然而，当时已有部分思想家开始怀疑神创论的说法，他们认为物种并非亘古不变。自然科学家找到了越来越多的各类化石，发现它们和现有的生物形态有所不同。这些古生物到哪里去了呢？为什么它们不能够存活到现在？

与此同时，地理学家詹姆斯·赫顿也对传统思想提出了质疑。正统礼教认为，地球仅仅经历了大约几千年的历史，而所有的地形地貌都是在一系列的简单地震中快速形成的。赫顿等少数人则根据实际勘察地貌发现，地球存在的年代已经非常古老，经历漫长的地表侵蚀和剧变才形成了现有的地貌。

在这个大背景下，越来越多的思想家开始提出物种并非一成不变，而是仍在变化中，换句话说，是在不断进化的。其中一位就是查尔斯·达尔文的祖父艾利斯姆斯·达尔文，另一位则是鼎鼎大名的法国自然学家吉恩·巴蒂斯特·拉马克。

拉马克描述了物种有目的地从单细胞结构向高级结构或人类形态发展进化，同时还讨论了进化过程的发生和发展情况。他认为：生物本身存在一种内在的"意志力量"驱动着生物由低级向较高的等级发展变化。他还指出，环境的改变会引起动物习性的改变，而这种在环境影响下所发生的定向变异（即后天获得的性状）是能够遗传的。如果环境朝一定的方向改变，由于器官的用进废退和获得性遗传，微小的变异逐渐积累，最终使生物得到进化，新的物种由此产生。比如，长颈鹿由于常常要够树顶的叶子，不得不努力伸长脖子，它的长脖子性状代代相传，日积月累便进化成现在的模样。

拉马克的用进废退理论的提出，对传统观念而言无疑是一枚重磅炸弹。凡是他的拥护者都不同程度地遭到了教会的诽谤和打压，这种现象一直延续到 19 世纪 40 年代。许多科学家也发现这套进化学说不完全合理，获得性遗传的说法缺乏足够的证据。对生物活动与周围环境高度匹配的现象，拉马克并没有给出相应的解释。

达尔文的伟大之处并不在于其发现了进化现象，因为拉马克和不少人已经对此做出了充分探索。他的巨大贡献在于明确地指出了进化的原理和过程。他的研究对象着眼于个体而不是种群，并且揭示了对于个体的自然选择作用的威力。一个生物体群落的自然变化意味着：其中的一部分将越来越能适应某种特定的环境条件，一旦能够存活，它们的性状便可遗传给下一代。后来的评论家把达尔文的这个理论称为"适者生存"，但达尔文本人并没有用到这个词语。"适者生存"理论较清晰地阐释了包括人类在内的一切生物体形态和习性进化以适应环境的过程。

■ 年轻的达尔文

1809 年 2 月 12 日，达尔文出生在施鲁斯伯里镇一个富裕的医生家庭中。他是这个家里最小的，也是唯一的男孩，姐姐们对小达尔文近乎溺爱，以至于幼年时的他差点被宠坏。达尔文就读于当地的公共学校，但由于整天忙于搜集动植物标本和进行化学实验，他的学习成绩在班上并不突出。"所谓学校，"达尔文如是说，"作为一种教育机构，对我来说却没有意义。"

家人希望达尔文将来继承祖业。16 岁时，他便被父亲送到爱丁堡大学学医。然而，他却对所有的手术都怀有无比憎恶的情绪，无心学医的他常常和动物学家罗伯特·格兰特一起讨论问题，这位学者是拉马克学说的虔诚信徒之一。两人都热衷于搜集标本，在苏格兰山林里寻找各类植物品种，往往一待就是一整天。

当父亲发现"不务正业"的达尔文并不适合学医后，又于 1828 年送他到剑桥大学改学神学，希望他将来能够成为一位牧师。他在那里又认识了一位自然学家——受人尊敬的约翰·亨斯洛教授。剑桥大学的植物园荒废许久，就是这位教授的热心关注才促成了植物园的重建。就像当初和格兰特那样，达尔文与亨斯洛教授组成固定的二人组合，常常一起外出寻觅各类物种。

■ 影响一生的旅行

1830 年，英国海军打算派"贝格尔号"进行南美洲等地的科学考察航行，亨斯洛得到了以"植物学家"的身份参与这次考察的资格，因有事无法参加，他推荐了年轻的达尔文代替自己前往。达尔文的父亲开始时极力反对他前往，但拗不过自己的女儿们帮达尔文求情，最终还是答应了。

从某种意义上而言，"贝格尔号"的这次航行影响了达尔文的一生，最初计划航行 2 年，但实际上历时长达 5 年之久。达尔文回来后整个人焕然一新：他搜集的物种资料令他一生受用，而且他还得以近距离观察了大量野生动物的形态，进化论的思想也逐渐在他脑中萌发。尽管如此，达尔文并不急于求成，他认真思考和研究多年，才将自己的理论编写成书公之于世。

■ 名声和婚姻

由于亨斯洛把达尔文在航海考察期间寄回来的标本和记录作了整理，并据此作了很多场有影响力的报告，因此，当达尔文回来时发现自己已经成了一个名人。他被地质学会吸收为会员，并受邀加入高级的绅士会所——科学协会，同时还被选为皇家学会的会员。虽然受到极大的关注，但他为人低调，从不在公众场合过分惹人注目。接下来的几年里，他安静地做着自己的工作：整理记录探究物种的问题，建立资料库、参观动物园，和植物栽培者、自然学家、鸟类学家等任何可以帮助他找到答案的人们倾心长谈。

尽管达尔文倾向于安静勤奋的求学生活，但他此时也想要找个人在身边陪伴一生。1838年，29岁的达尔文经过慎重权衡后与堂妹艾玛成婚。婚后不久，二人就搬到布罗摩里附近的肯特郡，在唐恩村度过了幸福美满的一生。

■ 重大的新突破

达尔文的思想大部分是通过日积月累才逐渐成形的，但在这个过程中也出现过"尤里卡！"（原意为"我知道了，我找到了"，引申为灵感迸发之意）时刻，那就是在他读到《人口论》的时候。这本书由托马斯·马尔萨斯写于1798年。马尔萨斯在书中指出，无论是人类还是动物，所有物种的数量往往取决于食物的供应量，当人口数（或其他生物数量）超过某个特定的临界点时将会崩溃，一切只能重新再来。达尔文看完这段后非常兴奋，"犹如醍醐灌顶，我一下子就想到，假如周围环境发生了变化，那么能适应的生物就能生存下来，而处于劣势的就会被淘汰。结果就产生了新的生物物种……我从此便找到了一个值得推敲的理论"。

达尔文生性不爱张扬，虽然提出了新理论，但他却选择不予公开。在后来的日子里，他投注大量心血研究一个简单物种——藤壶（一种蔓足亚纲的海洋甲壳类动物），在长达10年的工作中撰写了不少相关的科学论文。1858年的夏天，他在论文中写道："亚斯拉巴拉诺斯先生（达尔文对一种藤壶新品种的昵称）具有庞大卷曲的雄性生殖器官。"达尔文之所以在蔓足类动物上花费这么多的精力，或许是担忧进化论的提出会招致民众的愤怒，甚至遭受暴力侵害的厄运。

↑达尔文在唐恩村家中的书桌。他于1838年搬到这里，远离《物种起源》等著作引起的狂风骤雨，度过了安静的后半生。

■ 竞争对手的出现

由于一再拖延，一颗意想不到的"重磅炸弹"从天而降，令达尔文陷入了苦恼之中。这枚炸弹是一封来自印度尼西亚马鲁加群岛的信件，信的主人是当时罹患疟疾的年轻自然学家阿尔弗雷德·华莱士。他得出了物种受自然选择的进化理论后便立即致信达尔文，请达尔文帮忙审阅。信中阐述的内容几乎与达尔文的研究结论完全一致，达尔文也因此陷入两难境地，"我从来没有遇到过如此令人惊奇的巧合。"他事后说道。这位严谨的学者立即和自己的朋友们商量此事，其中有著名的地质学家查尔斯·赖尔、植物学家约瑟夫·虎克、哲学家托马斯·亨利·赫胥黎三人。他们最终决定，将达尔文和华莱士的研究成果在同一时间发表，并注明达尔文在12年前就已经提出了这个进化论学说。

达尔文迅速发表他的经典著作《物种起源》，书中鲜明地提出整个思想框架，并列举了"贝格尔号"航海过程和后来几年中搜集的充分证据。该书出版后很快在全国引起了轰动，第一版的1250本书于出版当天（1859年11月24日）被抢购一空。

■ 激烈的争论

达尔文的著作问世后，一部分读者很快就接受了他的观点，认识到自然世界中巨大变化的产生过程。但还有一部分人认为这是对上帝的公开侮辱，因为达尔文的思想与《圣经》中的神创论完全背道而驰。争论日趋白热化，几乎整个英格兰的餐桌上和辩论会场中都在讨论这件事。

最著名的达尔文进化论的捍卫战在两个人之间展开：他们是达尔文的好友托马斯·亨利·赫胥黎和牛津主教、狡诈圆滑的萨姆·威博尔福斯。在一次争论中，威博尔福斯用尖锐的语言攻击赫胥黎，讥讽他维护的达尔文理论就是承认他的先祖是猿猴。然而，这些语无伦次的谩骂使他在这场辩论中败给了对手。赫胥黎以雄辩的事实，富有逻辑性的论证，赢得了观众的阵阵掌声。这次辩论在全国引起极大反响，那些达尔文的拥戴者（现称达尔文主义者）也赢得了越来越多人的拥护。

1862 年，达尔文进化论遭遇到一次重大挫折。苏格兰物理学家威廉·汤姆森（即后来的开尔文男爵）采用一种方法估算地球形成的年代。开尔文宣称地球的年龄最多不会超过 4 000 万年，很可能才 2 000 万年左右。他的计算依据建立在地球内热的降温时间上，从最初高温到现在温度所需的时间是确定的。这对达尔文的理论而言，无疑是一记重击，因为达尔文理论中完成所有进化所需的地球年代远比开尔文的数据要古老得多。后来的研究发现，开尔文的估算是错误的，科学计算表明，我们居住的地球已经经历了长达 40 多亿年的历史。

ON

THE ORIGIN OF SPECIES

BY MEANS OF NATURAL SELECTION,

OR THE

PRESERVATION OF FAVOURED RACES IN THE STRUGGLE
FOR LIFE.

BY CHARLES DARWIN, M.A.,

FELLOW OF THE ROYAL, GEOLOGICAL, LINNÆAN, ETC., SOCIETIES;
AUTHOR OF 'JOURNAL OF RESEARCHES DURING H. M. S. BEAGLE'S VOYAGE
ROUND THE WORLD.'

LONDON:
JOHN MURRAY, ALBEMARLE STREET.
1859.

The right of Translation is reserved.

↑达尔文《物种起源》一书的封面，于 1859 年出版。第一版书上市第一天就被抢购一空，然而这部书引起的争议却延续到今天。

"贝格尔号"的航行

　　达尔文在自传中如此评论参与"贝格尔号"的考察之行:"这次出海是我一生当中最重大的事件,它决定了我终生的事业。"当他踏上征途时,仅仅是一名初具植物基础知识的植物学爱好者,还算不上学者,对地质学的了解更是一片空白。在即将起航时,亨斯洛交给达尔文一本查尔斯·赖尔新出版的《地质学原理》。航行中,这本书帮助他了解到地貌形成过程中地表侵蚀和地壳突起运动。当"贝格尔号"抵达佛得角群岛后,达尔文注意到火山周围有一层银白色的煤层,这证明山群地貌是从海底上升进化而成的,并非如神创论者所言是经历几次大灾难形成。他很相信赖尔的观点,曾在给家人的信里感叹道,"地质学支撑着当代科学的发展"。

　　海船到达北美洲的东海岸时,达尔文搜集了丰富的标本,并对他遇到的野生动物和地质特征一一做了详细的记录。根据沿途的所见所闻,他越来越不相信创世说的解释,即生物不可能是一次性创造而成的,其形态更不可能一成不变。1835年,加拉帕戈斯群岛(位于南美洲的西海岸)的秋季之行给他的理论提供了不少依据。达尔文注意到,在当地20来个岛屿中,每一个岛上都存在各自的雀鸟亚种,它们的鸟喙形状均与各自的进食方式相适应。比如有些雀鸟使用喙来啄碎坚果,而有些则吞食花蜜为生。达尔文对此记录道:"这个现象非常有意思,为了适应各自不同的环境,这些岛屿的鸟雀数量很少,但每类都彼此不同。"正是由于这个强有力的证据,才令他确信生物是在适应环境的自然选择中进化的,最初它们并没有被完美地"设计"成适应环境的形态和习性。

　　达尔文回到家乡后,已经完全肯定进化论的现实性和可行性。此时,需要他去做的是探索进化的机理和过程,而这就成了他一生的事业。

■ 人类的起源

这个时候，达尔文远离争论的尘嚣，安心在唐恩村的家中撰写下一部作品《人类起源》（1871）。在书中，他应用进化论解释了从猿猴到人类的进化过程。在一个著名的章节里，他写道，"拥有高尚品格的人类……身体结构内仍然蕴藏着属于他们祖先的无法抹去的印迹。"

↑加拉帕戈斯雀，是激发达尔文建立进化学说的灵感来源之一。

达尔文在后半生依然致力于进化论的完善和改进，尤其是在人类进化方面更是投注了许多精力。1872 年，63 岁的达尔文出版了一本论述情绪和表达的进化的重要著作《人与动物的情绪表达》。

此时，长期的辛劳已透支了他的健康，也拖垮了他的身体。1882 年 4 月 19 日，达尔文溘然长逝，享年 73 岁。四面八方的人们纷纷自发前来哀悼和缅怀他，他的遗体安葬于威斯敏斯特教堂，在为他抬灵柩的队伍中有好友赫胥黎等人。

扫码获取更多资源

路易斯·巴斯德

1822 ～ 1895 年

路易斯·巴斯德（1822～1895年），伟大的法国科学家，近代微生物学的奠基人，首次提出细菌引发疾病的理论，并探索了对狂犬病、炭疽热和水痘如何进行预防接种。另外，他还倡导在葡萄酒、啤酒和牛奶的制造工艺中添加消毒环节，这种方法就是现在以他的名字命名的"巴氏杀菌法"。

19世纪中叶，科学技术迅速发展：火车的出现加速了人们认识世界的过程，电报的发明拉近了人与人之间的距离，电磁场、辐射现象、亚电子结构等研究领域颇受科学家们的青睐。相比之下，医学还处于黑暗时代。儿童的夭折率极高，富人家庭也不例外。显赫的维多利亚女王家族亦无法幸免于难，每一代至少会有一个孩子夭亡。对妇女而言，分娩简直就是去鬼门关前冒险，即使她们被送到医院，情况也不见好转。至于外科手术，成功率极低，收效甚微，且手术的危险性极高，大量的患者在术后仍可能因为感染而离开人世。如此种种，再加上霍乱和肺结核等高死亡率的严重病症，广大贫苦民众的生活相当艰难悲惨。

医生对许多病症都束手无策，若是患上肺病或梅毒，就相当于被判了死刑。医学与药物的发展缓慢，在那时唯一有效的药就是鸦片，这种类似毒品的物质可以暂时减缓病痛的折磨，却无法根除病症。此外，大夫们对传染病的肆虐也一筹莫展，只能任由病魔吞噬无辜民众的生命。

早在17世纪，列文虎克观察到显微镜下的微生物时，就曾经指出细菌可能是疾病的根源，然而在当时几乎没有人关注这一观点。19世纪，许多医生仍然认为疾病是由瘴气造成的，即一种神秘的毒气，来源于死水、贫民窟或是粪便中。尽管他们在伤口处和败坏的组织中曾经观察到细菌，但他们对此却熟视无睹，认为这些微生物是在腐烂的过程中自发产生的。

巴斯德对微生物的研究热情最初来自葡萄酒制作工艺的探索，他发现一种微生物（酵母菌），通过它们的作用能使酒充分发酵。他还找到了破坏酒质的微生物，并发现加热后能彻底除去这些有害的生物。接着，他开始探究微生物的产生过程，并推翻了原有的"生物自发产生论"，指出这些小生物并非无中生有。此外，巴斯德还和年轻的德国科学家罗伯特·科赫共同提出了病菌论，认为病菌是疾病滋生的罪魁祸首。他还据此发展了预防接种的技术：将微量病菌注入人体，便可使其对相应的疾病产生免疫，预防病发。在后来的几十年里，科学家们踏着巴斯德的研究道路，成功地发现了更多疾病对应的病原体，例如肺结核、麻风病、白喉症、霍乱、破伤风、疟疾和黄热病等。医生们对症下药，使疾病的治愈率得到了大幅度的提高。

■ 年轻的艺术家

巴斯德于 1822 年 12 月 27 日出生在法国勃艮第的多尔。父亲吉恩·约瑟夫是以制革为业的硝皮匠，家里的生活条件属于中等水平。童年的路易斯在艺术方面的天赋远高于科学，据说他曾经有机会成为杰出的油画家。在他的成长过程中，他对科学的兴趣越来越浓厚。为了成为一名老师，年仅 21 岁的巴斯德来到法国赫赫有名的高等师范学校求学。

毕业一年后，巴斯德向巴黎科学学会寄出了生平的第一篇论文，这称得上是他在科学殿堂中一次华丽的登场。如文中所述，巴斯德研究了两种物质：酒石酸（葡萄经发酵得到）和外消旋酸。二者虽然具有相同的化学成分，但两者的偏振光方向和化学性质却大不相同。他发现二者都是不对称的，不过外消旋酸的晶体具有两种形式的不对称性：一半晶体与酒石酸晶体的形状相同，而另一半的结构与酒石酸晶体成镜像对称。

这份科学报告发表后在化学界引起了极大反响，法国政府因此授予他荣誉军团勋章，代表至高的奖励和荣誉，英国皇家学会也颁发给他一枚金牌奖章。巴斯德因此被后世认为是立体化学的奠基人。

■ 工作狂型的教授

诸多的荣誉接踵而来，巴斯德很快就被聘为斯特拉斯堡大学的化学教授，并与玛丽·劳伦喜结连理。巴斯德一生努力工作，辛勤地耕耘于自己的科学领域中。夫人玛丽曾在给女儿的信中这样评价自己的丈夫，"你的父亲一直都是忙忙碌碌，他早起晚睡，平时几乎没有时间和我说话，也没有充足的睡眠。一句话，自我们结婚以来，他繁忙的生活节奏真是35年如一日"。

1854年，巴斯德当选为里尔大学的科学院院长。他认为理论和实践所涉及的领域不可分割，致力于拉近学生和工人之间的距离，常常带领自己的弟子到工厂参观实习，独特的教育理念令他声名鹊起。当地的一家制醋厂家的负责人听说了这些，便联系他帮忙解决工程中遇到的一个难题：这家工厂的制醋原料是甜菜菜汁，但发酵过程总是会出现一些问题，导致产品变质。类似的问题在葡萄酒和啤酒工业中也有发生。

■ 发现酵母菌

最初，科学家们认为发酵是一个化学反应过程，然而巴斯德通过显微镜观察，发现在啤酒和葡萄酒的生产过程中，发酵液里有一种小球状体，它就是酵母菌。巴斯德认识到，正是这些小生物促进了发酵过程中酒精的

↓路易斯·巴斯德的铜制蒸馏器，现陈列于巴黎的巴斯德博物馆。

产生。他还发现，发酵液中一旦存在细长形的酵母菌，势必会导致酒的酸化。很明显，发酵液中存在两种酵母菌，一种促进发酵产生酒精，而另一种则会产生不必要的乳酸物质。

巴斯德的与众不同之处在于，他并不满足于发现问题，还要攻克难关。经过多次实验后，巴斯德发现当把酒缓慢加热到60℃后，所有有害的酵母菌都会被杀死，只留下对生产有利的菌种。制酒厂的厂主听到这个结论后，担心加热会影响酒的风味，对此深表怀疑。但事实证明了一切，所有的工人都对巴斯德感谢万分，叹服不已。这就是著名的"巴氏消毒法"，该方法至今仍在使用，市场上出售的葡萄酒、啤酒、牛奶和各类果汁就是用这种方法消毒的。

■ 空气中的微生物

巴斯德在研究了酵母菌的作用后，开始考虑这样一个问题：微生物最初是如何出现的？他首先摒弃了被普遍认可的"生物自发产生论"。在设计并进行了一系列简单的独创性实验后，他发现食物在接触到未经处理的空气后不久就会腐败，但若将周围空气加热除菌，则较不容易变质。他还注意到把食物运到阿尔卑斯山山顶接触相对稀薄的空气，其变质速度要比在地面时要慢得多。这些都说明，腐败食品表面的霉菌并不是自然产生的，而是由于接触到空气，且接触的空气越少，腐败的速度越慢。

由于这项研究成果，巴斯德获得"擅长摆脱困境的人"的荣誉。此时法国南部的养蚕业正面临一场危机，一种疫病造成蚕大量死亡，使南方的丝绸工业遭到严重打击。1865年，国家农业部委派巴斯德前去协助解决这场危机。由于从未与蚕这类毛虫打过交道，巴斯德最初并不情愿接手这个难题。但在老师的劝说下，想到法国每年因蚕病要损失1亿法郎时，他又以一贯的热情投入到新的战斗中。巴斯德很快就发现了一种很小的寄生虫，是它感染丝蚕以及饲养丝蚕的桑叶。他要求所有被感染的蚕及污染了的食物必须毁掉，并必须用健康的丝蚕从头做起。养蚕工人们采用了他们的建议，法国的养蚕业因此再度崛起。

巴斯德因此名声大振，成为法国的传奇人物。1867年，拿破仑三世为他在高等师范学校搭建了属于他个人的实验室。遗憾的是，新工作间建立了仅一年光景，巴斯德就由于一场中风病导致上臂和左腿终生瘫痪。在这之后，他只能做一些简单的实验，较复杂的工作不得不交给实验室助手来完成。

■ 细菌和疾病

巴斯德越来越确信，细菌在传染病中扮演某种重要的角色。英国外科医生约瑟夫·李斯特在研读巴斯德的著作后，意识到如果能清洗伤口，并且把敷料消毒处理，杀死细菌，手术的安全性就会大大得到提高。果真在加入"杀菌"环节后，外科手术的死亡率急速下降。欣喜之余，李斯特对巴斯德大加赞赏。在巴斯德 70 岁生日的欢庆会上，他在席间致辞道："纵观全世界，没有一个人对医药事业的贡献能超越您！"

巴斯德没有沾沾自喜，他又开始研究疾病在人和动物之间传播的途径，并认定细菌在这当中是需要攻克的关键点。1876 年，罗伯特·科赫宣称，发现了引起绵羊炭疽热的病原细菌——炭疽杆菌。此时，巴斯德的实验也获得了突破性的进展，他证实了科赫的发现，并指出炭疽杆菌能够长时间存活于土壤中。健康绵羊若经过患病绵羊待过的草场，便会立即患病。

■ 接种的力量

找到炭疽热的病原体后，巴斯德一开始采用的是对付蚕病的方法——消灭所有的患病绵羊并燃烧它们滞留过的土地，进行杀菌处理。但不久后，他观察到一个有趣的现象：凡是得过炭疽热后痊愈的绵羊就对这种病产生了抵抗力。在他之前一个世纪，英国医生爱德华·琴纳曾指出，要预防天花可接种牛痘，轻微的天花症状可以保护人们对天花病产生终身免疫。巴斯德由此想到，或许这种方法对炭疽热也一样有效。在一次著名的实验中，他把绵羊分成两批，一批注射了致病能力微弱的炭疽杆菌，另一批不做任何处理。然后他给两批绵羊都注射强致病力的菌种，发现前者全都存活了下来，而后者则全部死于炭疽热。

巴斯德运用这种方法，将成千上万的绵羊从炭疽热的魔爪中解救出来。1878 年，巴斯德又指出接种免疫同样适用于鸡霍乱。接着，他又将矛头指向人类疾病——狂犬病，并制造出这种可怕病症的免疫疫苗，临床实验大获成功，从而令他享誉全欧洲。这些成就吸引了公众的注意，无数团体纷纷出资支持巴斯德的研究实验，从普通人家到宫廷上下，无不对他的工作表示了极大的关注，连俄国沙皇也加入到其中。这次捐资总共达200万法郎，1888年11月14日，巴斯德研究院在巴黎成立。

1895年9月28日，一代科学巨人离开了人世。他的临终遗言是："人必须工作，人要不断地工作，我已尽我所能。"法国人民为他进行了国葬，巴斯德研究院内一处华丽壮观的墓冢就是他的长眠之所，墙上刻绘了曾经受他拯救的小羊、小狗以及小孩追逐嬉戏的美丽画面。

治疗狂犬病

19世纪80年代，狂犬病是一种严重的疾病，医生们都束手无策，只能眼看着患者痛苦地死去，这激起巴斯德战胜病魔的斗志。他冒着巨大的生命危险，用玻璃吸管从患有狂犬病的狗嘴中吸取了部分唾液，并将其注入兔子体内。兔子病发死亡后，他将其脊髓取出晾干，从中提取了致病力微弱的狂犬病毒。当他把这些病毒样品注入健康的兔子体内后，兔子对狂犬病就产生了抵抗力。

虽然狂犬疫苗在动物实验中获得了成功，巴斯德还无法确定这种治疗方法对人体是否有效。由于一直都慎于进行人体实验，他迟迟没有将其付诸实践。1885年7月，一个9岁的牧羊童约瑟夫·迈斯特尔被送到巴斯德的住所请求诊治，他被一条疯狗咬了14处伤口，几乎遍体鳞伤。如果巴斯德不采取任何措施，他一定会悲惨地死去。到了这种地步，唯有尝试那一点可能，才有一线生机。巴斯德尝试着为他注射了毒性极弱的狂犬疫苗，奇迹发生了，这一针产生了神奇的效果，男孩得救了。

巴斯德成功救治狂犬病患者的喜讯传遍了整个欧洲，络绎不绝的病人向他要求医治。不久以后，19名俄国人出现在他的住所门前。原来，一头疯狂的狼袭击了他们。由于此时已是事发后2周，巴斯德担心为时已晚。然而，他的狂犬疫苗再一次发挥了神效，16名患者存活下来。此后10年，巴斯德大约亲自治疗了20000多个狂犬病例，只有200人死亡。

格雷戈尔·孟德尔

1822 ~ 1884 年

　　奥古斯都修道院的修道士格雷戈尔·孟德尔（1822~1884 年）被后世认为是生命科学的先驱者。在大多数人看来，一名乡下教师根本不可能有什么大成就。然而，正是这么一位看似不起眼的普通修道士，最终被尊为"当代遗传学之父"。

　　格雷戈尔·孟德尔是在生物领域中采用数学和统计学方法进行研究的第一人，由他提出的遗传定律在 20 世纪发挥了巨大作用，对植物栽种和家畜饲养产生了深远的影响。

　　孟德尔于 1822 年 7 月出生在奥地利一个偏僻的地区辛西斯镇（今属捷克共和国）。年少的他在学校表现出色，功课优异，尤其对自然科学具有浓厚的学习兴趣。1843 年，孟德尔来到布龙的摩拉维亚（今捷克布尔诺地区）的一个修道院进修神学，并于 1847 年获得牧师职位。

　　在修道院修身养性期间，他还挤出时间自学各类科学知识。1849 年，孟德尔到附近的一家中学里担任数学代课教师，并于第二年参加教师岗位的考试。具有讽刺意味的是，他在生物考试上栽了跟头，最终没能通过考试。1851 年，他所在修道院院长送他到维也纳大学深造，他在那里花费 3 年时间学习了物理、化学、数学、动物学和植物学等课程。孟德尔完成学业后回到布龙，在当地的一所高中担任自然科学教师。直到 1868 年被选为修道院院长，他的教书生涯才告一段落，然而他自始至终却从未获得过一个正式的教师证书。

■ 对植物的执着热情

早在 1856 年还在布龙时，孟德尔便在修道院的小花园中开始了一生的研究生涯。自小在父亲的果园和农场长大的他，对自然界的一花一草都有着特殊的感情。他对植物学近乎痴迷，常埋头深究不同个体具有不同性状的根源。在当时，生物学家拉马克（1744～1829 年）认为植物的形态受环境影响，于是孟德尔决定验证这个学说。他在修道院后花园踱步时，无意中发现一种观赏植物的形态出现了某种反常的生长特征，恰好可以用来作为研究的对象。孟德尔把这些异常个体移植到正常的群落中，耐心观察它们子代的生长情况。结果与拉马克的结论相反，子代并没有受到周围环境的影响而是遗传了父辈的反常性状。这个简单的实验经历大大激发了孟德尔的研究兴趣，从此他便踏上了探索生物性状遗传秘密之路。

孟德尔所处的学习环境极大地推动了他的研究事业：修道院学术气氛颇为浓厚，高中教学经验令他积累了丰富的学识。修道院院长本人也是一位狂热的植物学爱好者，更为可喜的是，孟德尔的不少同事对科学知识也略知一二，互相之间常对某个问题进行交流和切磋。

1862 年，这些志同道合的朋友们建立了自然科学协会，孟德尔在学会会议上表现非常积极。此外，修道院和学校的图书馆内有着大量的藏书，尤其是孟德尔最喜欢的农业科学、园艺学和植物学之类的书籍，更是卷帙浩繁。

■ 花园中的豌豆

孟德尔对遗传性状的探索热情一发不可收拾。就在修道院后花园内的暖棚里，他开始了长期研究豌豆性状遗传原因的荆棘之旅。他首先从种子商那里弄来 7 个品种的豌豆，它们都具有某种可以相互区分的稳定性状，例如植株的高矮、种皮的颜色、豆荚形状，以及花朵在茎干上生长的不同位置等。接下来，他在两名助手的协助下将这些品种之间两两重复杂交——这样总共得到 30 000 株豌豆。由于孟德尔研究态度极为严谨，要求实验过程尽可能精确细致，他的豌豆实验竟因此长达 7 年之久。他不辞辛劳地将杂交误差减少到最低，日复一日不厌其烦地记录下植株后代的每一个微小的变化。

在当时，为了探索自然遗传规律而进行植物实验的生物学家很多，孟德尔与其他人不同，他的过人之处主要体现在两个方面：首先他不再只是考察生物的整体，而是着眼于生物体个别的显著性状，例如圆种或皱种、紫花或白花等。其次他对不同性状表达的植株逐一分离计数，从这些精确的数字中总结出遗传过程中的统计学数据和比例关系，这是他与前辈生物学家的重要区别。

孟德尔发现，第一代杂交种常常只表现出亲本之一的性状。例如，选择种皮颜色分别为黄色和绿色的亲本进行杂交，其第一代的种皮必定全为黄色，而高茎和矮茎植株的杂交种后代则为高茎。由此他得出一个重要结论：某些遗传性状是显性的，例如黄色种皮或高茎等；而有些性状则为隐性的，例如对应前者的绿色种皮和矮茎等。两个亲本杂交的第一代表现的是显性性状。但当孟德尔再度将后代杂交后，他注意到第二代中既有显性性状也存在着隐性性状，他发现事情并没有原来想象得那么简单。进一步的研究表明，这些性状仍然在后代中得到稳定的遗传。在这里，孟德尔精确的计数法起到了相当大的作用：第二代中大概 3/4 的豌豆表现为显性性状，而四分之一为隐性性状。

至此，孟德尔指出，亲本具有每个性状的两个决定"因子"。换句话说，它们具有一对表征茎干高度（高茎或矮茎）的"因子"和一对表征种皮颜色（黄色或绿色）的"因子"，其他"因子"依此类推。他还指出，这些遗传因子是随着后代的繁殖在亲代和子代之间传递的，而且在某些时候，其中一个因子相对另外一个在表达性状时占据主导地位。孟德尔所说的"因子"就是现在定义的"基因"，科学家直到 1909 年才为其正式定名。

孟德尔还进一步推论出"因子"之间无法混合或融合的结论。例如，种皮颜色为黄色和绿色的亲本之间杂交，其后代的种皮绝不会是黄绿色，而必定是其中之一的纯色。杂交后代在形成生殖细胞（也称"配子"）的过程中，"因子"将分离到各个生殖细胞中。因此其后代只能遗传到亲本之一的某个性状，而不可能两者兼而有之。这就是著名的孟德尔第一定律，也叫作分离定律。孟德尔连续观察好几代的性状遗传现象后才确定该定律的正确性，并能够借此准确预测到后代的表现特征。

孟德尔并未沾沾自喜，他进一步尝试把具有两种或两种以上稳定性状的豌豆进行杂交育种。他发现这些性状往往以各种组合的形式出现在后代中。例如，有饱满豆荚和皱缩种子的组合，也有圆滑种子与扁平豆荚的组合。由此他认为，豆荚的饱满程度和种子的皱缩情况等性状能得到独立的稳定遗传，互相之间毫无干涉，并且以随机组合的形式出现在后代中。这就是孟德尔第二定律，也称独立分配定律。

■ 发表遗传学说

此后，孟德尔还陆陆续续在其他植物上（花卉类和谷物类等）开展过类似的研究。8 个寒暑的辛勤劳作，孟德尔终于确认了生物遗传的基本规律，并决定把自己的发现公之于世，与科学界同仁们一起分享成果。1865 年 2 月至 3 月，孟德尔在布鲁恩科学协会的会议厅宣读了自己的研究成果。约四十几位与会者礼貌而兴致勃勃地听完了报告，然而当时几乎没人意识到这将是划时代的大发现。孟德尔的思维方法太超前了，在他之前从来没有人应用数学和统计学方法对生物学现象进行过探索。孟德尔个性内向害羞，他一直待在暖棚里观察、计数和分析，很少涉足演讲大厅，他甚至没有在宣讲之前提交论文以通过审阅。

1866 年，科学协会出版发行了孟德尔的作品《杂交植物的实验》，并将其寄往欧洲和美洲各处的主要图书馆。除了读者群有所扩大外，孟德尔的研究成果还是无人问津。为了引起关注，他找到一名修道士朋友，请他把论文的复印稿寄给当时最顶尖的 40 位科学家和植物学家，这些专家在

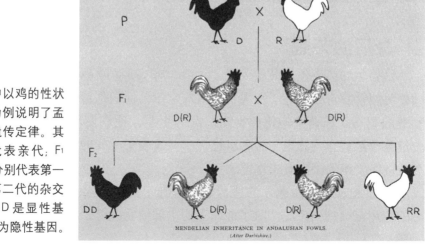

→图中以鸡的性状遗传为例说明了孟德尔遗传定律。其中 P 代表亲代；F_1 和 F_2 分别代表第一代和第二代的杂交后代。D 是显性基因，R 为隐性基因。

MENDELIAN INHERITANCE IN ANDALUSIAN FOWLS.
(After Darbishire.)

杂交育种领域都颇有建树。然而，其中只有一位对这篇论文有兴趣。他就是该领域的权威专家——瑞士植物学家卡尔·威廉·内格里（1817～1891年），任教于德国慕尼黑大学。从这位科学家的回应来看，内格里也没有真正理解孟德尔的研究工作，他甚至没有认识到它的重要性。尽管孟德尔研究了多达 300 多种的遗传特征，约 3000 株植物的栽培和观察，数据已足够充分，他却告知孟德尔研究还要继续，并催促他尽快完成余下的工作。内格里还提出了不少错误的建议：他让孟德尔尝试一下山柳菊（水兰属的一种）的杂交实验，而事实上这种植物并不适合进行遗传学的研究。山柳菊是无性生殖，其后代来自未融合的生殖细胞。也就是说，它的后代基因只来自一个亲本，而不是两个亲本的结合，因此所有关于它的杂交实验都注定会得到失败的结果。然而当时还没有人知道这一点，孟德尔经过反复实验后，他的辛勤努力终以失败告终。1869 年，他发表了这篇未达成预想结果的论文。

孟德尔并不满足于已有的成就，在去世之前，他始终辛勤耕耘在植物学和其他学科领域中，课题涉及对蜜蜂、老鼠、太阳黑子等的研究。可惜的是，在他于 1868 年继任修道院院长后，由于为修道院的事务所累，不得不告别了科学和教学事业。或许，山柳菊杂交实验的失败和缺乏伯乐识人的失落也是原因之一。尽管如此，孟德尔仍然预感到自己的成就将会被后世所肯定，即使他无法在生前亲眼见到这辉煌的一刻。1883 年，他在逝世前几周曾充满信心地说道："我对我的科学成就满意之至，看吧，我的时代就要来到了。"

■ 身后的荣耀

孟德尔的伟大预言果然成真了。1900 年，3 位欧洲植物学家，几乎在同一时间，各自独立地"发现"了遗传定律，他们是德国的柯灵斯、澳大利亚的契马克和荷兰的德弗里斯。翻阅史册，他们发现，早在 34 年前，一位几乎被遗忘的修道士学者早已提出并发表了相同的学说，孟德尔的辉煌成就终于得到了应有的肯定。

20 世纪初期，孟德尔的遗传定律得到了大量的实验验证。人们发现它的应用范围相当广泛，除了地球上的全部植物以外，它几乎适用于包括人类在内的所有生命体。科学家们沿用孟德尔建立的统计学方法进一步钻研遗传基因传递的复杂机理，至今对遗传学的研究已经达到了分子水平，DNA，RNA 分子等物质的陆续发现构成了所有生物体的基因结构。

基因科学大大改变了我们的生活。如今，科学家们已经完成了人类基因组计划、克隆动物、转基因作物等多项浩大工程，这一切都是基因工程的神奇成就，人类的梦想——成功治愈遗传疾病也指日可待。所有人类科学的革新都始于这位修道士，他在修道院的后花园静静地周而复始地种植着豌豆，他的耐心、细致和严谨是人类科学研究中最宝贵的财富。

豌豆的 7 个性状

孟德尔的杂交实验以花园中普通的豌豆为研究对象。他选择简单的性状为例（今称"孟德尔性状"）。所谓简单性状，即相互独立不重叠的形态特征。以下为孟德尔选择的 7 个性状：

性状	显性性状	隐性性状
种子表面	光滑	皱缩
种子的胚乳颜色	黄色	绿色
种皮颜色	灰色	白色
成熟豆荚外形	饱满	收缩
未成熟的豆荚颜色	绿色	黄色
花朵在茎干上的位置	轴心	末端
茎干高度	高茎	矮茎

孟德尔描述了他挑选试验样品的准则。它们必须"在开花期间，不存在异花授粉，或者可以将自己包裹起来，避免可能出现的异花授粉……这样就能完全保证自花授粉"。

1834 ~ 1907 年

德米特里·门捷列夫

"这就是科学的魅力所在，"德米特里·门捷列夫（1834~1907年）曾这样评价科学，"通过它，我们可以发现自然界普遍存在的某个主要规律，并寻找到促成该规律形成的起因。"门捷列夫的伟大功绩就在于他创建了元素周期表，并发现了他所谓的"主要规律"。

在门捷列夫之前，化学学科几乎是一团混乱，真正值得称道的化学成就寥寥无几。新元素不断被发现，但这些元素的缩写形式和符号标志仍然毫无头绪，没有人能找到合适的方法排列元素的顺序。门捷列夫的元素周期表建立了一种清晰的排列规律，将化学王国上空的阴霾清扫一空。罗伯特·克雷布斯在著作《地球上化学元素的历史和用途》中对此大加赞赏，"毋庸置疑，元素周期表是从古到今最完美的图表"。若仔细观察周期表的空隙部分，人们会发现门捷列夫已经根据周期表的排列规律，以惊人的准确度预测到了后人发现的多种新元素。

■ 幼年的生活

德米特里·伊万诺维奇·门捷列夫于1834年出生于俄国西伯利亚西部的托波尔斯克市。他是家中14个孩子中最小的一个（其他资料中也有记载为17或11个孩子）。父亲伊万是当地一家学校的校长，但在门捷列夫出生后不久，父亲便由于眼盲被迫辞退了原来的工作。仅靠微薄的退休金根本无法支撑一大家子人的生计，门捷列夫的母亲玛丽亚·柯尼莱文别无选择只得外出挣钱。玛丽亚的家族在阿列明斯克拥有一家玻璃厂，距离托波尔斯克市区约32千米。作为工厂的负责人，她可以获得一份可观的薪水。

　　门捷列夫是玛丽亚最疼爱的小儿子，她曾不惜花重金把他送入最好的大学深造，为他早期的教育打下了扎实的基础。幼年的门捷列夫在父亲任教过的学校就读，他还在母亲的玻璃厂里学到了不少实践知识。工厂里的化学家和玻璃工人在一起讨论玻璃制造工艺时，他常在一旁倾听，一站就是好几个小时。

　　大概在门捷列夫十几岁时，家中连遭变故。1847年，他的父亲去世，次年，玻璃厂毁于一场突如其来的大火。雪上加霜的打击令这个家庭陷入了困境。然而在苦难面前，坚强伟大的玛丽亚并未放弃对儿子的期望，她依然坚持认为他应该获得良好的教育。1849年，她与自己最小的两个孩子——门捷列夫和伊丽莎白，一起搭便车赶了2000多千米的路程前往莫斯科寻找适合他们就读的大学。可是，门捷列夫却因为是西伯利亚人而被莫斯科大学拒之门外。

　　玛丽亚毫不泄气，她又赶了600千米路把一双儿女送到附近的圣彼得堡。然而，这里的大学以相同的理由婉拒了他们。他们又来到医科大学，结果再一次碰了钉子，但她仍然没有放弃，继续到处奔波为子女求学。功夫不负有心人，1850年，彼得堡的一所教育学院终于同意接纳门捷列夫。而玛丽亚却由于操劳过度累倒，仅仅10周后，这位伟大的母亲便带着无尽的遗憾撒手人寰。不久，伊丽莎白也因患肺结核不幸离开了人世。

■ 年轻的化学家

　　尽管从小便经受沉重的连环打击，门捷列夫并没有意志消沉，他从此发愤图强、加倍勤奋地学习各科知识。1855年，年仅21岁的他获得班级第一名的金质奖章，并于同年成为该校的授课老师。毕业后，他获得化学硕士学位，并于1857年首次取得大学职位。

　　在这个时期，俄国政府逐渐注意到科学技术的重要性，并决定尽快赶上西方国家的进度。1859年，俄国政府派出包括门捷列夫在内的一批科学家前往欧洲各国进修。在法国巴黎大学和德国海德堡大学，门捷列夫待了大约2年时间。在那里，他结交了当时科学界的顶尖人物，其中包括化学家罗伯特·本生、物理学家和化学家昂利·维克托·雷尼奥、意大利化学家斯塔尼斯劳·坎尼扎罗、物理学家古斯塔夫·基尔霍夫等人。门捷列夫虚心向这些科学同行请教和学习，在无数的学术讨论中，他的知识面不断得到扩充和丰富，对许多物理化学现象都有了更为深入的理解，例如气体密度、化合物中化学成分的确定方法、原子量等，这些为他后来的工作奠定了坚实的基础。

回国后，门捷列夫继续在彼得堡教育学院任教，并开始埋头写稿。1861年，他的著作《有机化学》出版问世。该书的发行使他名声大噪，大大提高了他在俄国化学教育界的地位。1864年，他受聘为技术学院的化学教授，3年后晋升为圣·彼得堡大学综合化学的教授。而在17年前，这所学校曾经将他拒之门外。门捷列夫注意到化学教育缺乏一本系统的教科书，于是开始着手化学课本的编写工作。1869年，凝聚门捷列夫心血的《化学原理》终于编撰完成。这部书被后世奉为经典著作，在门捷列夫在世期间总共再版8次。

■ 排列化学元素

门捷列夫在为著作《化学原理》一书考虑写作计划时，深为无机化学缺乏系统性的弊病所困扰。在当时，科学家大概已经发现了约70种化学元素，但还缺乏一套完整的系统将这些元素组织起来。正是由于这个原因，化学领域的研究难免显得杂乱无章，不像其他学科那般有章可循。例如，有机化学（建立在碳化合物基础上的研究）已经成功地将各种有机物分门别类，探索到一套清晰有条理的教育方法。类似地，生物学家也已经完成对动植物的分类，找到了适合物种分析的组合方式。于是，门捷列夫开始搜集每一个已知元素的性质资料和有关数据，并且把能够找到的前人的实践成果都加以汇总，以保证自己的著作更具系统性。这就是他踏上辉煌之路的第一步，他日后的杰出成就彻底革新了整个化学体系的学习和研究。

当时，已经有部分科学家在这方面有所尝试，但大都以失败告终。一些化学家试着以元素的性质为依据进行分类，如金属和气体，但这样的方式过于简单。其他科学家所做的尝试颇有借鉴意义：他们把元素按照原子量进行排列。1803年，英国化学家约翰·

> "在工作中寻求安宁和平静，你将发现它无所不在。欢乐稍纵即逝——然而工作将为你带来无尽的乐趣，因为它造福的是众人。"

道尔顿率先提出了原子重量的理论，这是一门关于原子或微粒内部的全部亚原子数量的学说。从那时起，化学家约翰·多培赖纳和威廉·奥德林应用原子量的概念找到了元素之间的数量关系，并借此把它们划分成不同的类别。

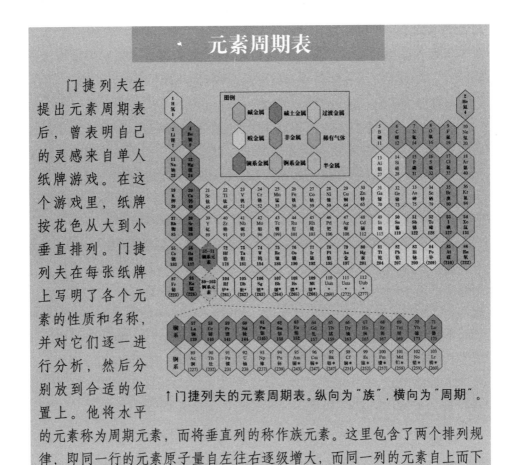

↑门捷列夫的元素周期表。纵向为"族"，横向为"周期"。

门捷列夫在提出元素周期表后，曾表明自己的灵感来自单人纸牌游戏。在这个游戏里，纸牌按花色从大到小垂直排列。门捷列夫在每张纸牌上写明了各个元素的性质和名称，并对它们逐一进行分析，然后分别放到合适的位置上。他将水平的元素称为周期元素，而将垂直列的称作族元素。这里包含了两个排列规律，即同一行的元素原子量自左往右逐级增大，而同一列的元素自上而下具有相似的化合价和化学性质（比如是金属或气体等）。

1866 年 3 月，约翰·纽兰兹（英国的精糖制造者和业余化学爱好者）向伦敦化学学会递交了一份论文，论述自己发现的元素排列规律。纽兰兹按原子量递增顺序将已知元素进行排列。他发现，到了第 8 个元素就与第 1 个元素性质相似，即元素的排列每逢 8 就出现周期性。这就好像是音乐上的 8 个音阶一样重复出现，于是他自己把它称为"8 音律"，并画出"8音律"表。遗憾的是，或许是他的表达方法太过随意，抑或是他业余化学家的身份，当他在学会发表这一观点时，得到的却是嘲笑和讽刺。其中一名化学家甚至戏谑他是否能让"8音律"表中的元素发出相应的音调；另一位则讥讽他的元素排列表仅仅是根据字母顺序排列而已，言下之意暗讽他的研究成果完全靠的是运气。事实上，纽兰兹的研究方向是正确的，他与真理仅剩一步之隔，但当时没有人意识到这一点。尽管纽兰兹的"8音律"表存在着缺点和不成熟的地方，但如果假以时日，他必能达到胜利的彼岸。然而这位伤心的科学爱好者却在挫折面前沮丧地放弃了自己的观点，最终退出了自己喜欢的化学领域。

1867年，门捷列夫在编写《化学原理》时，最初目的只是为了解决书的构架问题，后来他注意到多培赖纳、奥德林和纽兰兹的研究成果，从而开始考虑原子量和元素性质之间的关系。他尝试着把元素按照原子量大小进行排列，逐渐窥见其中奥妙。和纽兰兹一样，他发现元素的性质随着原子量的增加呈周期性的变化，这就是元素周期表名称的由来。

和纽兰兹不同的是，门捷列夫的元素表是以7为周期的。不过，两者所遵循的基本原理是一致的。元素周期表相对"8音律"而言的优势在于能够容纳更多的元素分子。同时，他还在制表过程中修正了一部分元素的原子量。随着元素周期表的不断完善，曾经不为人知的新元素的化学性质一个个被揭示出来。1869年3月，门捷列夫在他新制定的表格中填入了不下60种元素符号，并向俄国化学学会提交了一份正式的陈述文件。

■ 预测新元素

门捷列夫提出的新系统并未立即受到人们的认可，它的夺目光辉在时间的长河中才慢慢地显露出来。周期表中存在的空白间隙有待新元素发现后才能填入，门捷列夫根据自己发现的元素周期律预言了多种未知元素的存在。他甚至于1870年11月准确描述了3种未知元素的性质，并将它们分别命名为类铝、类硼和类硅。16年内，这3种元素被陆续发现，并分别得名镓（1875），钪（1879）和锗（1886），而且三者的化学性质与门捷列夫的预言也非常接近。

这一结果大大提高了人们对元素周期律的认可，随着周期律被广泛承认，门捷列夫逐渐成为闻名于世的卓越化学家。各国的科学院、学会、大学纷纷授予这位俄国化学家荣誉称号、名誉学位以及金质奖章。在此后的日子里，新元素层出不穷，但均被证实符合周期表的规律并填补了表中的空白。今天的元素周期表包含约 90 种天然元素，以及 24 种在实验室中再造的元素。

在建立元素周期表后，门捷列夫仍然留在大学校园内执教。此后的 20 多年中，他热心关注学生，深受广大学生的喜欢。头发和胡子已经成为他的标志性造型，据说他一年才修整一次发型和胡须。

门捷列夫在学术界堪称科学泰斗，他同样还热衷于国家政治和国家事务。他持有的激进主义令他与国家和学校之间产生了不少摩擦，直接导致他于 1890 年被迫离职。然而，由于他在科学界的影响力实在太大，政府不得不另外为他安排一个职位以示安抚。1893 年，门捷列夫赴任计量局局长，直至他去世为止。

德米特里·门捷列夫发现了化学元素之间的关系，将化学整理成一门条理清晰的学科，他的辉煌功绩将永远被世人所铭记。门捷列夫学习勤奋，工作刻苦。正如他自己所说的："在工作中寻求安宁和平静，你将发现它无所不在。欢乐稍纵即逝——然而工作将为你带来无尽的乐趣，因为它造福的是众人。"

詹姆斯·克拉克·麦克斯韦

苏格兰物理学家詹姆斯·克拉克·麦克斯韦（1831～1879年），被奉为19世纪最伟大的科学大师。他在电磁学、气体运动理论、天文物理学和色视觉等方面取得的突出成就为近代科学技术开辟了一条崭新的道路。

1831～1879年

詹姆斯·克拉克·麦克斯韦于1831年6月出生于苏格兰的爱丁堡。他是家中的独子，父亲约翰·克拉克是一名律师。詹姆斯出生后不久，约翰·克拉克继承了先祖的遗产，便举家搬迁至柯尔库布里郡的格伦莱尔。小麦克斯韦在那里度过了无忧无虑的童年。母亲在他的早期教育中起到很关键的作用，他在科学方面的兴趣得到了最初的启蒙，可惜母亲在他8岁那年就过早离开人世。由于母亲信奉的是基督教，她的一言一行对儿子的影响很大，麦克斯韦长大后也成了一名虔诚的基督教徒。在失去母亲后，父亲克拉克为他找了一名私人教师，1841年，又将他送到爱丁堡学会就读。

■ 聪慧的头脑

初到学校时，麦克斯韦并没有显露出任何值得称羡的才华。他生性内向，几乎没有任何朋友，同学们还因此暗中叫他"傻瓜"。14岁时，他写了一篇数学论文讨论二次曲线的几何作图难题。小小年纪就有如此卓越的数学造诣，使得所有人都大吃一惊，尽管他的观点并不是全新的，但这并不影响人们认为他是个天才少年。此后，麦克斯韦凭这篇论文在数学和各类科学上获得了一系列奖励。

1847年，年仅16岁的麦克斯韦考进苏格兰最高学府爱丁堡大学，主修自然哲学、道德哲学等课程。在爱丁堡求学期间，他如饥似渴地学习和钻研知识，并在《爱丁堡皇家学会学报》上发表了 2 篇高质量的科学论文。1850 年，麦克斯韦离开爱丁堡大学，转到人才济济的剑桥大学攻读数学。当时的毕业生威廉·汤姆逊（即后来的开尔文勋爵）这样描述麦克斯韦的求学生涯："他的工作成就非常引人注目。其实相对于他提出的卓越观点而言，他的个性更加突出。他的思路敏捷而富有跳跃性，让人难以捉摸，言谈之间常常是一个题目还没有讲完就跳到另一个题目上。"

1854 年，由于考试成绩优异，麦克斯韦获得了剑桥大学三一学院的奖学金。在此期间，他又发表了 2 篇论文，分别是《弯曲致表面形变》和《论法拉第的力线》。其中，后者用数学语言描述了电磁场的力线，这是他毕生第一篇关于电磁学的论文，从此他认准主攻方向坚定不移地研究了下去。

■ 土星环的研究

1856 年 11 月，麦克斯韦被阿伯丁港的马里夏尔学院聘请为自然哲学教授。上任后不久，他便得知 1857 年亚当斯奖的竞赛主题是土星环的运动。其实早在求学阶段他就对这个课题产生了浓厚的兴趣，他下定决心争取要拿到这个奖。麦克斯韦找到一项已有的精密解析资料苦苦思索，终于得出结论，指出了土星环不可能是连续固体环或液体环，原因在于两者都会影响土星环的稳定性，它应是由许多小碎块物体组成的。最终他如愿以偿摘得了 1857 年度的亚当斯奖。当时的评委之一、英国皇家天文学家乔治·比德尔·艾里爵士对麦克斯韦的论文大加赞赏，"将数学应用于物理问题，这是我曾经遇到过的最出色的解决方法"。1981 年，太空探测器"旅行者一号"在宇宙中拍摄到土星环的近照，进一步证明了麦克斯韦的观点。

1860 年，麦克斯韦离开阿伯丁港到伦敦皇家学院任教。他的工作愈加繁忙紧张：一年中有 9 个月必须教书讲课，再加上夜校的课程。尽管如此，他还是挤出时间在电磁学方面作出了许多令人瞩目的卓越成就。

■ 开拓电磁学

1820 年，丹麦物理学家汉斯·克里斯汀·奥斯特发现电生磁效应，并对此专门举办了一场报告会，科学家们因此了解到电和磁在某种程度上具有一定的关联性。奥斯特注意到，电流通过电线时附近指南针的指针就会发生微小的偏转。经过仔细分析，他得出结论：电流可以在电线附近产生诱导磁场。根据奥斯特的发现，英国科学家迈克尔·法拉第开始探究这个结论反过来是否也成立，即变化的磁场周围是否能产生电？1831 年，也就是麦克斯韦出生的这一年，法拉第发现，电线在磁体周围的磁场中移动时也会产生电流。这就是众所周知的电磁感应定律，也是电动机和发电机的发明原理。

法拉第想进一步深入探究电磁之间的联系，但却为自己的数学水平所限，迟迟未有进展。麦克斯韦坚定地接过这位伟大先驱者的火炬，开始向电磁领域的纵深挺进。经过日日夜夜的探索和思考，他指出所谓的电和磁，其实是同一个物理概念，即都是电磁学的不同表现形式。1864 年，麦克斯韦向皇家学会递交电磁学论文，文中他采用数学工具建立了 4 个数学方程式，证明电流产生电场和磁场的原理以及电场与磁场之间的关联性，后世称之为"麦克斯韦方程组"。

爱因斯坦形容麦克斯韦的发现是"牛顿以后世界上最伟大、最丰硕的物理学贡献"。

麦克斯韦方程组不但圆满地解释了电磁感应现象，而且还揭示了电场和磁场的波动速度与光速（300 000 000 米／秒）相当接近。他又从中得出一个重要的电磁学结论：光的实质是一种电磁波。这个观点的提出，首次把光学和电磁学联系起来并奠定了近代物理学的基石。不仅如此，他还预言可能还存在着其他波长的电磁波。这一观点在 1887 年（麦克斯韦去世 8 年后）得到了证实：德国物理学家海因里希·赫兹在实验中制造并检验出麦克斯韦预言存在的不可见波段光波；1895 年，科学家又发现了 X 射线，进一步确立了麦克斯韦电磁波理论的科学地位。

■ 气体分子运动

1865 年，麦克斯韦回到苏格兰的格伦莱尔住所，开始从事气体运动的科学探索。此时，英国物理学家詹姆斯·焦耳等人已经在这方面有所研究。1840 年，焦耳认识到热是分子运动的结果，由此推动了新科学领域的开发——热力学，其中还包含了气体分子运动理论。8 年后，焦耳成功地计算出气体分子的平均运动速度。遗憾的是，他错误地认为所有不同气体分子的运动速率都是一致的。事实上，分子的运动速度在很大程度上取决于它们之间的碰撞频率。

三元色理论

　　1849 年至 1860 年，麦克斯韦研究了色彩的概念和色视觉。历史上第一位探索色彩奥秘的是艾萨克·牛顿（1642～1727 年），他指出世间总共有 7 种基本颜色，将它们进行不同的组合，便可得到所需的各种色彩。1801 年，托马斯·杨应用纺纱的颜料盘进行试验，并首次提出三元色的理论，即人类的眼睛只能辨认出红绿紫 3 种基本颜色（后经另一名科学家大卫·布儒斯特修正为：红绿蓝三原色）。麦克斯韦在该领域最大的贡献就是发表了论文《色视觉理论》(1860)，用数学语言精辟地论证三原色理论，并指出色盲症的根源在于缺乏对红色的色感。他因此还获得了拉姆福德奖章。

　　1861 年，麦克斯韦首先提出了实现彩色摄影的具体方案。他找来摄影师托马斯·萨顿，请他在带方格的色带上放置 3 张黑白照，再用红

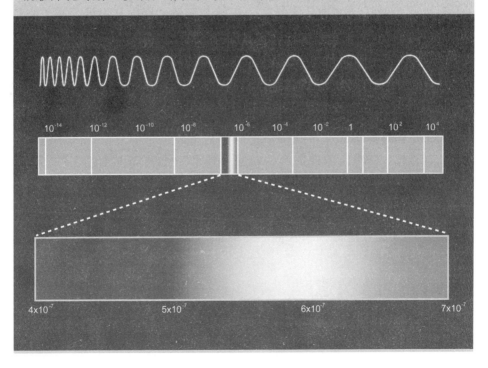

绿蓝3种颜色滤镜分别对照片进行滤色，结果3张照片在相同滤镜中显示出色彩，3个效果叠加后便得到了彩色照片。三原色理论是当代彩色摄影的基础理论。

麦克斯韦认识到并非所有的气体分子都按同一速度运动，要计算出任意时刻每个分子的运动速率和所处位置，几乎是不可能的。唯一可以做到的，只能是描述出它们在给定时刻的大概分布几率（即大致的速率和位置），他推导出求已知气体中的分子按某一速度运动的百分比公式。该理论的提出具有划时代的意义，堪称最恰当的分子运动表达方式。1866年，麦克斯韦发表了气体分子运动论文，他提出的理论被命名为麦克斯韦－玻尔兹曼气体动力学（同年，奥地利物理学家鲁德维格·玻尔兹曼独立研究发表了相同观点的理论）。

1871年，麦克斯韦因其在物理学上作出的卓著功绩被剑桥大学聘为首位卡文迪什实验物理学教授（由于英国科学家亨利·卡文迪什精确地计算出地球的密度而扬名天下，这个职位由此得名）。上任后，麦克斯韦于1874年创建了卡文迪什实验室，在整个筹建过程中从设计、施工到仪器购置，麦克斯韦都事必躬亲。他是实验室的创建人，也是第一任主任。这里很快就成了新的实验物理学研究中心。他花费好几年整理了卡文迪什留下的大量资料，并重复操作验证他的所有实验。卡文迪什是18世纪一位性情怪僻的英国著名科学家。他为人腼腆，喜欢离群索居。卡文迪什死后留下很多没有发表的科学手稿，其中有不少很有价值的东西几乎被埋没了半个世纪。整理这些资料是一件非常细致而困难的工作，麦克斯韦为了完成这项工作，作出了很大的牺牲，他放弃了自己的研究，把全部心血倾注在这上面。不久，心力交瘁的麦克斯韦不幸罹患癌症，于1879年11月过早地离开了人世，终年48岁。

■ 珍贵的人类遗产

当我们重新翻看麦克斯韦在各个领域的伟大成就时，很难想象这些全都出自他一个人的功绩。他的工作涉及科学的方方面面——电磁学，气体动力学，色彩学和天文物理学——所有这些，在科学史上都产生了举足轻重的影响，为近代科学技术开辟了前进的道路。其中，他毕生最辉煌的功勋当属电磁理论，他的著作《电磁学通论》（1873）因此成为科学史上的经典专著。正如物理学家理查德·费因曼所说："几万年以来，从漫长的人类史来看，毫无疑问，麦克斯韦提出的电磁学理论是 19 世纪最重大的发现。"

麦克斯韦在世时，不如牛顿和爱因斯坦等科学伟人有名，这可能是由于他英年早逝，没有等到他的理论得到重视的那一天，同行们在当时都没认识到麦克斯韦工作的历史意义。作为一名谦逊的、淡泊名利的科学工作者，他只是简单地以工作为乐。正如麦克斯韦在 1860 年自述的："我们在接受导师教育的同时，在某种程度上也该亲自经历一下探索之旅，体会追求真理的快感，激发科学研究的动力。"

马克斯·普朗克

马克斯·普朗克（1858～1947 年）是近代伟大的理论物理学家，出于对自然规律的强烈求知欲望，他开创了一个全新的物理领域——量子理论，人类对原子和亚原子结构微粒的了解由此大为改观。

1858 ～ 1947 年

马克斯·普朗克于 1858 年 4 月 23 日出生于德国沿海城市基尔。母亲名叫埃玛·普朗克，父亲朱利叶斯·威廉是一名杰出的宪法教授，从小注重培养儿女们对学术的兴趣，爱国情怀和宗教信仰也早早在年幼的孩子们心中生根发芽。他还教育孩子们要具备诚实、公正和慷慨等优良品德。

■ 接受正统教育

普朗克从小在基尔当地入学读书。在他 9 岁那年，父亲成为慕尼黑大学的法学教授。此后，普朗克被送到该市著名的马克西米利安高级中学就读，他在班上并不是顶尖的学生，成绩一般都名列班级第 8 名左右。幼年的他对数学和物理学科并没有表现出特殊的兴趣，倒是在音乐方面体现出超人的才华。上帝赋予了普朗克出众的音乐天赋，很小的时候，他就已经具有专业音乐家的钢琴和管风琴演奏水准。直到临近中学毕业时，普朗克才决定把人生目标转移到物理研究上来。这多亏了他的老师赫尔曼·穆勒，穆勒为他讲授能量守恒定律（也就是热力学第一定律）等科学规律。当普朗克发现宇宙万物居然遵守着如此绝对的自然规律时，内心被深深地震撼了，并产生了寻找更多自然规律的强烈欲望。

尽管如此，当普朗克于 1874 年 6 月通过毕业考试后，16 岁的他还是无法确定自己的人生道路。摆在他面前的有 3 个选择：音乐、数学和物理。在他左右为难之际，一位音乐家与他促膝长谈人生理想。当谈到是否要选择以音乐为终身职业时，这位音乐家建议普朗克，若是对自己的人生方向仍然举棋不定，还不如做点其他有意义的工作。

普朗克经过深思熟虑，最终决定到慕尼黑大学攻读数学和物理。他对是否应该选择物理学科为主攻方向犹豫不决，于是便询问了他的物理老师菲利普·祖利。这位德高望重的教授规劝他万万不可有这个念头，因为他认为物理学是一门高度发展、几乎尽善尽美的科学，在这个领域里已经没有多余的空间可以发挥能力了。这种观点在 19 世纪末的科学界是普遍存在的。大多数科学家都认为物质世界的奥妙，包括运动规律、重力、电和磁、气体理论、光学等，所有的真理都已经被发掘完毕了。他们认定，在未来的岁月里，物理学作为一个完整的体系，其研究职责仅仅是进一步巩固和完善原有的理论。

尽管祖利言之凿凿，说了许多令人泄气的话，但普朗克经过激烈的思想斗争还是毅然决定成为一名理论物理学家。他对那些规范宇宙的法则着迷不已，而且他坚信：人类只要发挥不断思考的天性，必然会对世界有更加深入的理解。1877 年，普朗克完成了在柏林大学的学业。在那里，他认真听取了赫尔曼·赫尔姆霍茨和古斯塔夫·基尔霍夫发人深省的报告会，这两位都是当时物理学领域的大师级人物。会后，普朗克仔细研读了鲁道夫·克赖修斯的作品，文中精辟的语言、深邃的思想深深触动了他的内心，引领他踏上了充满艰辛坎坷的研究热力学第二定律的道路。

随后，普朗克返回慕尼黑大学继续他的研究。1879 年 7 月，21 岁的他发表了一篇以热力学第二定律为主题的博士论文。第二年，他凭借这份学位论文成为慕尼黑大学的讲师。1885 年，普朗克被基尔大学聘为理论物理学的副教授，这一年他才 27 岁。依靠丰厚的薪水，普朗克得以乔迁新居，并于 1887 年 3 月 31 日与相爱多年的女友、慕尼黑银行家的女儿玛丽·默克喜结良缘。

1887 年 10 月，普朗克在柏林大学的导师基尔霍夫与世长辞。学校决定选一名世界知名的物理学家继任他的职位。他们首先邀请的是海因里希·赫兹和鲁德维格·玻尔兹曼，但由于两人都婉言谢绝，机会就落到了普朗克的头上。1888 年，普朗克接替导师的工作，1892 年，他被提升为教授。此后，他在这个职位上为科学奋斗不止，直至 1927 年退休。

在柏林期间，普朗克在理论物理学领域作出了一生最辉煌的成就。他进一步深化了热力学第二定律的内涵，并开始发展熵的概念，从中逐渐得出物质的气、固、液三相之间互相转化的原理。此外，他还注意到液体混合物导电的现象（即电解现象）。经过一系列的实验，他得到了各种溶液的沸点和冰点，并发现了其中的运算规律。

■ 对辐射现象的探索

19 世纪 90 年代中期，普朗克转而开始研究热辐射现象。此时，物理学家业已明确所有的物体发出的热辐射包含全部波长的频率，尽管只有在某个频率下才能达到最大辐射，而且这个频率还与物体的温度高低有关。一般来说，物体表面的温度越高，其最大辐射的频率也越高（所谓频率，就是任何辐射形式的波每秒钟的传播速率）。普朗克认为其中必定存在某种关联，很可能是某个隐含的定律。然而，如果要在实验室内进行精确的测量，根本无法达到实验要求，因为高温物体的性质往往是不稳定的。因此，普朗克发展了一个新概念——"黑体"，这是一种假想物体，它能够吸收外来的全部电磁辐射，并且不会有任何的反射与透射。黑体辐射谱（也称热辐射谱，即在给定温度的条件下，黑体辐射中各个频率分布情况的曲线图）中的能量分布问题是当时的大热门，普朗克也参与到其中。

1896 年，柏林的辐射研究中心——德意志帝国联邦物理技术研究院（PTR）的成员威廉·维恩宣称自己发现了物体辐射能的分布公式。随后的几年里，普朗克尝试把维恩提出的分布式套用到自己的黑体模型上进行验证实验。1900 年，他的实验获得圆满成功。不过，PTR 经严密测量得出维恩公式只适用于高频率的波长。与此同时，两位英国物理学家，瑞利勋爵和詹姆士·琼斯得出了另一个与维恩公式恰好相反的分布公式，这个式子只适用于低频率的波长。

"外面的世界是完美的。对我而言，寻求其内在规律是我一生最崇高的科学事业。"

1900 年 10 月，普朗克发现了两个公式的缺陷，便决心解决这个难题。两个分布公式都有用，但却分别只适合不同频率的热辐射波长，针对这个现象，普朗克猜想如果把两个式子合二为一，或许就能得到适合所有频率的简单分布公式。他很快就找到了答案：只要将波频率与某个常数相乘即可解决问题，该常数在后来被命名为"普朗克常数"（6.6256×10^{-34}）。

新公式整合了物理学同行的工作结晶，从数学角度而言，它无疑是正确的。然而，在普朗克看来这只不过是"一个幸运的直觉"——碰巧让自己凑到了一个与实验结果相符的公式而已。以严谨的科学态度来审视，这个公式还缺乏一定的理论基础。普朗克经过 2 个月的奋战，终于成功地证明了公式的科学性和合理性。1900 年 12 月 14 日，普朗克在德意志物理学会会议上宣读了自己的论文。

■ 量子理论的提出

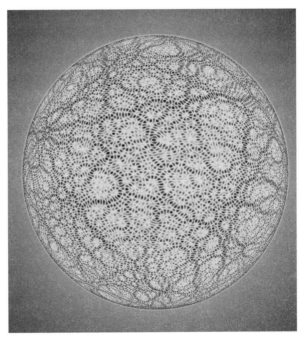

然而，普朗克提出的新辐射定律遭到了经典物理学的挑战。在他所提出的理论中，物体发出的辐射能（e）等于辐射频率（n）乘以普朗克常数（h），即 e = hn。其中，h 虽然是一个极小的数值，几乎接近于零，不过仍然是一个有限值。换句话说，公式 e = hn 说明，能量是以微小的不可分的粒子形式进行传播的，普朗克为其命名为"量子"。这是一个革命性的新理

↑该图模拟的是许多波在球体表面运动路径的叠加情况。由此产生的随机波是量子无序性表现方式的一种。经典的无序性是指各种波的运动方向任意的情况，量子无序性指的是量子波动随机组合的情况。该随机模型由埃里克·海勒建立。

论：在此之前，经典物理学一直认为能量是以连续形式传播的。在这个时

候，物理学家刚刚接受原子理论，初步认识到微观世界，但却无法应用经典物理的知识对其进行描述。普朗克提出的量子概念则正好可以用来解决原子理论的许多未解之谜，由此打开了物理学科的新大门——量子理论。

在当时，物理学家们包括普朗克自己还没意识到量子理论的划时代意义。1905 年，埃尔伯特·爱因斯坦证实能量的另一种形式——光能是以量子形式传递的，并称之为光子。从此以后，越来越多的科学家投身到微观领域。法国数学家朱尔斯·庞加莱运用数学工具证明了普朗克辐射定律中的量子是不可分割的。丹麦物理学家尼尔斯·玻尔提出氢原子的量子理论，并指出普朗克常数是研究原子的突破口。到了 1911 年，量子学已经成为物理学研究的前沿学科。1920 年后的 10 年间，量子理论成为量子论机理的基石，揭示了原子和其他微观粒子的各种性质。

马克斯·普朗克提出量子理论时已经年届 42 岁，这个年龄的许多物理学家早就过了他们的黄金时期，并将科学的接力棒交给了思维更活跃的下一代。普朗克热爱秩序井然的逻辑世界，对经典物理学深信不疑，以至于他一直不愿接受背叛自己信仰的理论。量子理论的横空出世，提供了一个看似充满矛盾和动荡的微观物理世界。以光为例，我们可以根据实验设计的不同，既可以将它看作是一种电磁波，也可以当成是微粒（即光子），这在普朗克眼里看来简直不可想象。

■ 最后的岁月和宝贵的遗产

1900 年以后，普朗克依然在各个领域进行着他心爱的科学工作，其中包括光学、热力学和物理化学等。1918 年，为表彰普朗克提出的量子理论，瑞典皇家科学院授予他诺贝尔物理学奖。让人叹息的是，普朗克晚年的家庭生活非常悲惨。他的妻子玛丽于 1909 年撒手人寰，留下两个儿子卡尔和欧文，以及一对双胞胎姐妹玛格丽特和艾玛。卡尔参加了第一次世界大战，于 1916 年战死沙场。次年，女儿玛格丽特难产而死。1919 年，艾玛也在生产中死去。1944 年，普朗克在柏林的家被多枚炮弹击中，许多重要论文和著作都在这场灾难中毁于一旦。同年，儿子欧文由于参加刺杀希特勒的行动被盖世太保（纳粹政体下的德国秘密警察）处以死刑。战后，普朗克孑然一身来到格丁根定居。1947 年，一代科学巨匠溘然长逝，终年89岁。

普朗克由于发现了划时代的量子理论，彻底改写了人类对微观物理世界的了解而被世人所铭记。此外，他还是一名杰出的教师，《理论物理学导论五章》汇集了他在1920年以后的讲座内容，被后世奉为经典之作。作为一名柏林的理论物理学教授，普朗克大大扩展了物理学的研究范围，并帮助和提携了包括爱因斯坦在内的许多年轻科学家，不少著名物理学家都接受过他的谆谆教诲。科学能有这样的发展命运可以说是一个偶然的幸运，因为伟大的马克斯·普朗克并没有听从他的老师菲利普·祖利的建议，最终坚定地选择了物理学的道路。祖利曾在1874年劝说普朗克："当然，理论物理学是一门非常好的学科……不过，你不必指望再为它增加任何新的基础理论。"

热力学第二定律

马克斯·普朗克对热力学第二定律近乎着迷。该定律是由鲁道夫·克莱修斯于1850年提出的，论述了熵的概念。所谓熵，指的是某个系统中"混乱度"的标度。简单来说，第二定律说明的是，在任何自然过程中熵值总是增加的。因此，假如把一杯热茶放到冷冻房里，那么最初该房间内的热量（或能量）分布一定是不平衡的，能量会从杯子内不断传递给房间内的空气直至两者的温度一致。换种表述方式，也就是说任何变化都会自发地使能量分布尽量趋向于平衡态，并且导致熵值的最大化。

玛丽·居里

玛丽·居里（1867~1934年）和她的丈夫皮埃罗一起率先分离出放射性元素钋（Po）和镭（Ra），并于1903年获得了诺贝尔物理学奖。1911年，玛丽·居里由于突出成就再度被授予诺贝尔化学奖。

1867 ~ 1934 年

当我们听到或看到"放射性"这个词汇时，常常会感到害怕，因为它往往和核战争、放射性中毒、癌症等危险事件联系在一起。然而，在玛丽·居里生活的年代，人们对放射性元素的危害一无所知，她选择了从事这项研究工作，并坚持到底。在当时，女科学家是遭到歧视的，然而她却顶住了外界的沉重压力，最终获得了全世界的敬仰。她是一位卓越非凡的伟大女性，面临困难毫不退缩，她所表现出的超人的勇气和毅力受到了无数人的赞美。无论是经济条件的窘迫，还是痛苦疾病的折磨，抑或是个人生活的劫难，都无法阻碍她前进的脚步。

■ 早期岁月

1867年11月7日，玛丽出生于波兰的华沙市，她最初的洗礼名叫作玛丽亚·斯克罗多夫斯卡，在迁至法国后，才改名为玛丽。玛丽的双亲都是教师，受父亲影响，她从小就对自然科学具有浓厚的学习兴趣。在她7岁那年，幸福的童年生活却戛然而止：这一年，姐姐卓菲娅因患斑疹伤寒症夭折。4年后，母亲罹患肺结核离开了她。遭此打击后，玛丽变得安静懂事，在学校里勤奋刻苦，一直是班级的第一名。18岁那年，玛丽决定到大学里就读物理学。由于是女性，她被波兰的高等学府拒之门外，玛丽决定远赴法国巴黎到著名的索邦大学求学。由于家境清贫，为了实现心中的梦想，玛丽与表姐布朗妮亚达成一项口头协议：她会把自己任家庭教师挣的钱为表姐付学费，而一旦布朗妮亚成功跨入大学校园，她就必须在参加工作后用自己的薪水供玛丽上学。玛丽遵守约定坚持做了整整 8 年的家教，终于得偿所愿，在 1891 年 11 月搭上了前往巴黎的火车。

■ 来到巴黎

巴黎是一座充满新奇的美丽城市，处处洋溢着浪漫的文化和艺术气息。然而，玛丽对此却视若无睹，唯一令她感到兴奋的是在这个地方终于可以如鱼得水地学习她一直热爱的物理学。索邦大学的实验室是由当时最受尊敬的一些科学家负责装修和管理的。玛丽在校园内是为数不多的女科学工作者之一，她全身心地投入到了艰苦的学习中，并以第一名的成绩于 1893 年拿到物理学位。2 年后她又拿到了数学学位。

1894 年，玛丽遇见了生命中完美的另一半——皮埃尔·居里（1859~1906 年），他是一位安静深沉的科学工作者，时任索邦大学物理学院的教授。皮埃尔对待工作一丝不苟，而在与朋友到户外活动时往往会表现出可爱风趣的另一面。这对恋人于次年结成佳偶，在巴黎的一个小公寓里过着节衣缩食的生活。1897 年，玛丽生下第一个女儿艾琳。同年，她开始撰写博士学位论文，研究的主题确定为元素镭的性质。

■ X 射线的启示

1895 年，德国物理学家威廉·伦琴（1845~1923 年）发现了电磁射线，并为其命名为 X 射线。第二年，法国物理学家安托万·亨利·贝克勒尔（1852~1908 年）又发现铀能放射出一种与 X 射线相似的奇妙射线，并命名其为"贝克勒尔射线"。他还由此推测，这些射线是多个原子的作用效果。X 射线和贝克勒尔射线的发现开创了一个全新的物理领域，宣告了核时代的来临。

贝克勒尔发现的射线引起了玛丽极大的兴趣。射线放射出来的力量从何而来？玛丽决定以此为课题，寻找发出类似"放射物"的具体元素。她在索邦大学的物理学院里搭建了小型实验室，那是一个暗淡无光、积满灰尘的地下室。由于缺乏研究资金，她只得借用丈夫皮埃尔的测量仪器。1898年，玛丽使用了词汇"放射性"来描述发射神秘射线的元素的性质。最后，玛丽发现，沥青铀矿的放射性比其中包含的全部铀元素所应放射的强度还要大得多。她推测这些矿石中一定存在着某种未知的、放射性很强的元素，并设计放射化学的基本分析方法来找寻它。玛丽耗费了一辈子的精力来完成这个课题，因为她必须提取出未知的放射性元素，以证明它的存在。她的丈夫皮埃尔·居里意识到这一研究的巨大难度，直接参与了妻子的工作。

■ 有危险性的工作

课题开始后，大袋大袋的沥青铀矿石被送到他们狭小的地下实验室里，那里几乎连转身的空间都没有。从沥青铀矿中提取元素是一项异常艰巨的工作：首先，她每次必须碾碎1000克的矿石；经过筛分，再将其煮沸并连续搅拌几个小时，形成可蒸馏的液体混合物；最后，再对处理物不断加以电解，直至分离得到微量放射性元素为止。玛丽决定用祖国的名字命名这种未知物质，她和丈夫一起克服了许多常人难以想象的困难，坚持不懈地探索和寻找放射性元素。1898年的一个春日，玛丽和皮埃尔终于迎来了事业中的春天——他们发现了元素钋（Po）。这是一种与众不同的化学元素，当它与水混合后会在黑暗中闪光。

> "生命中没有什么是值得恐惧的。我们只需掌握真理。"

居里夫妇沉浸在成功的喜悦中没多久，便注意到沥青铀矿中还存在着另一种放射性更强的元素，于是他们又投入到新一轮的战斗中。他们守在装着放射性矿物质的大罐旁，搅拌着沸腾的溶液度过了无数个不眠之夜。这对坚毅的夫妇过着清贫的生活，4年多的时间里，他们只得到1克镭（Ra）元素。在当时，没有人知道靠近放射性物质会给健康带来多大的损害，他们的身体日益消瘦，无尽的病痛折磨着居里夫妇，但他们却以为这是过度劳累和饮食不佳造成的。就在他们大功告成前的几个月，玛丽还不幸失去了深爱的父亲。

■ 为女性颁发的诺贝尔奖

1903 年，斯德哥尔摩（瑞典首都）的瑞典皇家科学院根据居里夫妇和贝克勒尔的杰出成就，为他们共同颁发了当年的诺贝尔物理学奖。这是对他们工作的最高评价，但是玛丽差点与这个奖项失之交臂，因为当初有不少评委都认为不该把奖项颁给一个女子，而只能颁给她的丈夫皮埃尔。当时，居里夫妇双双缺席瑞典的颁奖典礼，因为长期靠近放射性元素的工作对他们的身体造成了极大的影响。1903 年 8 月，玛丽因为流产不得不在家休息了好几个月。

诺贝尔奖令居里夫妇享誉世界。这对默默无闻的伉俪立即成为众人瞩目的焦点，这让他们感到有些不太自在。不过，丰厚的奖金倒是解决了科学实验的燃眉之急，他们利用这一大笔资金改善工作环境，并雇用了实验室助理协助实验的开展。夫妇俩搬到装潢一新、设备齐全的新实验室继续他们的事业。1904 年底，玛丽生下他们的第二个女儿伊夫。第二年，他们长途跋涉来到瑞典共同领取了诺贝尔奖。皮埃尔在获奖感言中，特别提到镭元素对人体的危害，并预言了镭元素被不当使用的危险和它强大的破坏力。

■ 超越强烈的悲痛

"玛丽·居里的心灵已经死了，她是一名极力压抑悲痛的科学家。"玛丽的朋友玛格丽特·波莱尔在 1910 年这样写道。1906 年，皮埃尔被一辆疾驰的马车撞死，玛丽失去了挚爱的丈夫，悲痛欲绝，她唯一的慰藉就是她热爱的工作和可爱的女儿们。在丈夫去世后不久，玛丽接替了皮埃尔物理教授的职位。起初她拒绝学校的委任，后来，经过慎重考虑，她意识到这是继续丈夫工作的最好方式，终于接受了校方的聘任书，成为索邦大学历史上第一个女教授。

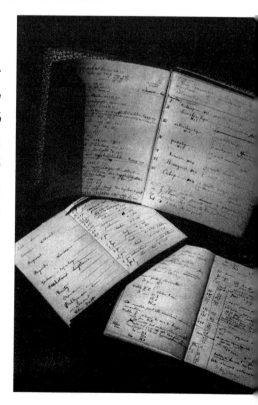

→玛丽和皮埃尔·居里的实验记录手稿。即使到了现在，它们仍然具有超强的放射性，现被密封后陈列于巴黎的国家图书馆。

玛丽把研究放射性元素作为毕生的科学事业。1911 年，由于在镭和钋上的突出成就，她再一次被授予诺贝尔化学奖。1913 年，她建立了研究元素放射性的实验室，这就是后来著名的巴黎镭元素研究所。为了保证研究所宽敞通气，玛丽亲自参与了实验室的设计和建造。在辉煌的成功面前，玛丽并没有沾沾自喜，而是进一步探究放射性产生的原理。尽管最终并没有找到答案，但她却极富前瞻性地注意到新西兰科学家欧内斯特·卢瑟福（1871～1937 年）的研究成果的前景，他探索到了原子的奥秘，从而大大促进了科学家对放射性的理解。

■ 建造"小居里"

1914 年 8 月，第一次世界大战开战之际，玛丽决定把研究所里的镭元素转移到波尔多一家银行的地下室。因为她意识到，像镭这么稀有的宝贵元素，万一落到居心不良的陌生人手里，势必会对人类造成巨大的危害，于是她亲自参与搬运这些宝贵的镭元素。玛丽和她的长女艾琳还一起参加战地医疗服务，他们来到法国战场上，冒着枪林弹雨担负起伤员的 X 射线透视工作。为了方便工作，她募集到一笔资金，设计并制造了一种特殊的负载 X 射线的搬运工具，被战士们亲切地称为"小居里"。战争结束时，母女俩已经建造了 18 台"小居里"。此外，玛丽还私人创办了 200 多家固定的 X 射线诊所。尽管长年被病痛折磨和困扰，她依然坚持亲自操作仪器，并教会其他女性使用这些设备。

■ 宝贵的元素

一战后，玛丽被选为巴黎镭元素研究所所长，她在这个职位上辛勤工作，直到 1934 年去世为止。她还被华沙镭元素研究所任命为镭学的荣誉教授，这对她个人而言无疑是一项莫大的荣誉，因为这是来自家乡人民对她的肯定。

1920 年，玛丽接受了美国新闻记者玛丽·梅洛尼的访问，当女记者看到玛丽的研究资金极度短缺时，大为震惊。此时，研究所因缺乏足够的款项只有 1 克镭的储存量。梅洛尼向玛丽承诺，自己一定会想方设法筹集资金，为研究所购置更多的镭元素。1921 年，玛丽获邀首次来到美国白宫，受到了沃伦·哈丁的亲切接见，并获赠整整一箱的稀有元素。1929年，玛丽再一次来到白宫，为华沙镭元素研究所领取了珍贵的镭元素。

最后的岁月

在生命的最后几年中，玛丽顽强地与病魔进行着抗争，她的视力明显退化，但她仍一如既往不知疲倦地辛勤工作着。她扩大了研究所里镭的储存量，并为研究所延聘了成百上千的新科学家，对他们的工作给予认真仔细的指导。1934年，她被确诊为白血病，这是长期与放射性元素接触造成的后果，这在当时属于不治之症。1934年7月4日，伟大的女科学家玛丽永远地闭上了双眼，享年66岁。1995年，在总统佛朗哥·密特朗的要求下，居里夫妇的遗体被移至巴黎万神殿，这里是法国最伟大的英雄的安息之地。

原子

19世纪早期，科学家认为原子是一种简单的不可分的微粒。到了19世纪末，人们发现原子内部还含有电子，欧内斯特·卢瑟福率先揭开了原子的神秘面纱。在对氦原子进行一系列实验后，卢瑟福指出原子结构就像是一个缩小的宇宙，它们的重量集中在原子核内。后来的科学家进一步得出原子内部含有两种粒子：中子和质子。接着，人们发现当原子核裂变时能够放射出巨大的能量。这种能量可以用来发电或者产生大面积的爆炸。同时，并非所有元素的原子核都能产生人工裂变，只有放射性元素可以在一定条件下产生释放能量的裂变。

欧内斯特·卢瑟福

自从贝克勒尔于 1896 年发现放射能之后，大量科学工作者都在该领域倾注毕生的心血，为科学事业做出了巨大贡献。年轻的物理学家欧内斯特·卢瑟福（1871~1937 年）就是其中的一员。

1871 ~ 1937 年

卢瑟福在放射性方面做出了重大贡献。他还揭开原子结构之谜，论证了原子的核模型，为新科学领域原子核物理学的开辟做出了开创性的工作。

■ 早期生活

卢瑟福于 1871 年出生于新西兰纳尔逊的春园城，父亲詹姆斯和母亲玛撒·卢瑟福共同生育了 12 个孩子，欧内斯特·卢瑟福排行第四。他从小聪明伶俐，16 岁时曾获得纳尔逊学院的奖学金。不久，他进入克赖斯特彻奇的坎特伯雷学院学习。由于学术工作出色，年仅 19 岁的卢瑟福就获得了学院的奖学金。卢瑟福于 1892 年大学毕业，次年便获得 2 个硕士学位（物理和数学硕士学位）。

毕业后，卢瑟福又在学校待了一年，希望能够在物理学方面有所建树。当时科学家发现高频交变电流附近的铁块能产生磁效应，于是他决定以此为研究课题，探知其中的科学原理。期间，他还发明了精确度达到十万分之一秒的特殊时间测量装置（某种精密计时器）协助实验的顺利进行。1895 年，卢瑟福发表了 2 篇极有影响力的论文，并凭此获得当年的大英博览会奖学金。这项奖学金的目的是授予学习成绩特别出色、具有培养前途的学生，卢瑟福因此得以进入久负盛名的英国高等学府深造。

　　同年，年仅 23 岁的卢瑟福离开家乡新西兰，来到剑桥大学。此时他已经获得 3 个学位，做了 2 年电磁学的研究，是公认的杰出实验研究人员。卢瑟福经过深思熟虑，决定跟随卡文迪什实验室的 J.J.汤姆逊教授开展研究工作。在卡文迪什实验室求学期间，他发明了可用于检测无线电信号的磁检波器。该仪器大概能探测到距离几米远的电磁波，甚至连一墙之隔的信号也能准确探知。此后几年内，卢瑟福不断对仪器的性能进行优化。到了 1896 年 2 月，他的磁检波器的检测距离已经达到几百米以外，创造了当时该项技术的世界记录。

　　汤姆逊教授慧眼识英才，注意到卢瑟福是一个不可多得的人才。1896 年初，教授邀请卢瑟福加入到一项新的研究课题中。在此之前，德国物理学家威廉·伦琴曾经发表过发现 X 射线的论文，汤姆逊要求卢瑟福协助自己研究 X 射线光束穿越气体物质时的物理效应。他们发现，X 射线在空气中会产生电离现象，即在实验中产生大量离子（原子获得或失去电子的状态），并且重新组合形成了中性微粒。通过独立思考，卢瑟福终于攻克难题，找到了计算离子重组速度的方法。

■ 放射性的研究

　　同年，法国物理学家安托万·亨利·贝克勒尔在巴黎有了重大的科学突破。他把一小袋铀盐储存在照相底片上方的抽屉内，不久却发现底片由于受到铀盐的影响，表面变得模糊不清。很明显，铀盐中一定存在着某种具有放射作用的物质。1898 年，贝克勒尔的学生——玛丽·居里和她的丈夫一起发现了另一种有放射作用的元素。她还专门为此创造了词汇"放射性"用来描述这种物理现象。

　　这些伟大的发现大大激励了卢瑟福，他下定决心探索放射性的奥秘。他在实验中发现，放射性射线类似 X 射线，通过空气时也会发生电离现象，不同的是，它包含两种射线。卢瑟福为其中一种命名为阿尔法射线（α 射线），这种射线在通过空气时能电离出大量离子，但只需一个平面就能轻易地阻挡它；另一种被他称作贝塔射线（β 射线），虽然只能产生少量离子，但却具有强穿透力，可以穿过 0.02 毫米厚的铝制薄板。此外，他还正确地推测到，这些射线是由许多微粒构成的。

1898 年，卢瑟福被加拿大麦吉尔大学聘为学校的物理教授。上任后，他仍然孜孜不倦地研究放射性现象。在年轻的化学家弗雷德里克·索迪的协助下，他研究了 3 种元素的放射性质：钍（Th）、镭（Ra）和锕（Ac）。他们发现钍会自然转变成气体，这种从钍中逸出的气态放射性物质会进一步转变成放射性更强的新元素，其放射性甚至强烈到能使元素本身消失。

1902 年，卢瑟福和索迪得出结论：所谓放射过程，就是某种元素的原子自发转变成不同元素原子的过程，而且新元素也具有放射性。在此之前，科学界都一致认定原子结构是自然界中最稳定的物质，不会发生任何变化。这一新理论的宣布无疑仿佛在平静的湖水中丢下一颗石子，顿时涟漪阵阵。人们终于认识到原来原子并不稳定，它们甚至可以裂变成另一种元素的原子。也就是说，元素之间的界限并不是绝对的，它们可以从一种转变成另一种。自然转化理论的提出，完全打破了中世纪炼金术士的论断，以致不少当时的化学家都拒绝接受这个观点。

尽管卢瑟福对放射性的解释引起了不少争论，但科学界还是对他的杰出成就加以了肯定。他于 1903 年被选为皇家学会的会员，并于次年被授

↓欧洲粒子物理研究所（简称 CERN，位于日内瓦城外）检测到的硫离子和金原子核的高能碰撞轨迹。

予拉姆福德奖章。此后，越来越多的实验结果都成了自然转化理论的有力证据。1908年，卢瑟福获得了诺贝尔化学奖。

■ 原子结构理论

1907年，卢瑟福回到英国，担任曼彻斯特大学的物理教授一职。在这里，他继续埋头研究 α 射线的性质（现在我们知道 α 射线是由许多微粒分子构成的）。卢瑟福和助手汉斯·盖革一起，设计制造了一种协助放射性研究的"计数管"，可以在已知镭质量的条件下，逐个对射线中粒子进行计数。他们运用这台仪器得到了 α 射线中的粒子总数，并推测 α 粒子很可能携带的是正电荷。1908年，卢瑟福尝试使用极薄的玻璃管密封着镭射气（一种镭衰变后生成的放射性气体），玻璃很薄，以致 α 粒子可以穿越无阻，而普通气体分子却无法穿过。他把这支射气管装在另一个大玻璃器皿中，然后用水银驱赶含 α 粒子的气体至放电管进行放电试验。经过光谱分析，他们终于找到了氦的特征谱线，从而证明 α 粒子实际上是高速运动的氦离子（He）流，即失去电子的氦原子流。

在麦吉尔大学期间，卢瑟福尝试把 α 粒子向照相底片发射并观察其物理现象。他发现，这种粒子的穿透性极强，即使在中间设置一层铝箔阻挡射线，底片上的图像还是会变得模糊不清。显而易见，α 粒子在接近铝原子时必定发生了微小的偏转。1911年，卢瑟福重复了这个实验，不同的是，卢瑟福建议让汉斯·盖革和欧内斯特·马斯登试试把铝箔换成金箔。由于金箔的散射效果比铝箔明显，他们期待从中观察到散射角度大于90°的现象。没想到这一建议竟导致盖革和马斯登得到 α 射线大角度散射的惊人结果，虽然绝大多数 α 粒子穿过金箔后仍沿原来的方向前进，但少部分粒子几乎是被反射回来，远远大于预想中的90°。事后，卢瑟福回忆起当初的震惊时说这是"我一生中遇到的最令人难以置信的事件。这简直……就像你对着卷烟纸射出一颗60毫米口径的炮弹，却被反射回来的炮弹击中一样不可思议"。

卢瑟福对这个问题冥思苦想了好几个星期，经过复杂的数学推算终于得出，只有假设原子内部存在一个带强正电荷的中心结构，α 粒子穿越单个原子时，才有可能产生大角度散射。再加上只有八千分之一的粒子几乎是180°完全反弹的，那么相应的，这个带正电的"原子核"必定只有整个原子体积的八千分之一大小。剩下来的原子结构必定是"空壳"，这才可能允许其他大部分粒子能自由通过金箔。不久，卢瑟福发表了他的原子结构新模型。在他描述的原子图像中，有一个占据了绝大部分质量的"原子核"在原子的中心。而在原子核的四周，带负电的电子则沿着特定的轨道绕着它运行。事实上，早在1904年，日本物理学家长冈半太郎就曾经提出过类似的模型。但长冈半太郎的原子模型很快就被推翻，因为根据经典物理学理论，带负电的电子绕着带正电的原子核运转，这个体系是不稳定的。电子会一点点地失去自己的能量，直到最终"坠毁"到原子核上为止。然而，如今卢瑟福再一次建立了这个模型，并且证明了长冈半太郎模型的正确性。1913年，丹麦物理学家尼尔斯·玻尔发现，微观粒子的运动规律与经典物理学相悖，电子在围绕原子核运转中非但不会损失能量，其运行轨道还是恒定不变的。卢瑟福和长冈半太郎的理论因此得到科学界的广泛承认。此后，该原子结构被称为卢瑟福原子模型。

■ 质子和中子

　　1914年，卢瑟福因其在科学上的杰出成就，被授予骑士爵位。然而，他并未满足于已有的杰出成绩。第一次世界大战期间，卢瑟福发明了潜水艇探测仪，依靠探测水下声波的变化进行物体定位。1919年，他利用α射线轰击氮原子核，在人类历史上首次实现了人工裂变。此外，他还尝试用α射线轰击氧原子核和氢原子核，同样成功地实现了核反应。第二年，卢瑟福发现在轰击过程中有带正电的粒子从原子核内飞出，从而使原子性质发生改变，他为这种新粒子命名为"质子"。接着，他开始考虑随之产生的新问题，这么多带正电的质子是如何共存于小小的原子核内的？它们是如何做到不互相碰撞，又是如何做到不外逸到原子核外去的？经过一番认真的思考，卢瑟福大胆预言，在原子核中一定还存在着另外一种不带电的粒子，它们可以平衡质子之间的作用力，并将这种不带电粒子称作"中子"。几年后，卡文迪什实验室的物理学家詹姆

"这简直……就像你对着卷烟纸射出一颗60毫米的炮弹，却被反射回来的炮弹击中一样不可思议。"

士·查德威克发现中子，通过实验证实了卢瑟福的猜想。

1919 年，卢瑟福接替老师 J.J. 汤姆逊担任剑桥大学教授，并任卡文迪什实验室主任。由于公务繁忙，卢瑟福很少有时间再开展实验研究，但他依然不遗余力地指导和支持学生们的工作，培养了大量科学精英人才。在晚年，他获得了世界各地奖励的各类奖章和荣誉以及各种博士头衔。1937 年 10 月 19 日，这位对于物质的本质属性有着非凡见解的实验物理学家在剑桥逝世，享年 66 岁。他的骨灰安葬在威斯敏斯特公墓（英国名人墓地）。

欧内斯特·卢瑟福是个幸运的科学家，因为他生活在一个化学和物理学科高速发展的时期。借助这个平台，他充分施展了生平才华，为全人类作出了巨大的科学贡献，被尊称为历史上最伟大的实验物理学家。但真正令他获得巨大成功的根源却在于他具有的一名优秀科学家必备的品质。卢瑟福做事耐心、仔细，具有坚持不懈的毅力，对于任何难题都有打破砂锅问到底的探索精神。此外，他还具有海纳百川的宽大胸怀，愿意积极尝试新鲜事物，并敢于挑战权威。正如他的学生詹姆士·查德威克所说："卢瑟福的辉煌成就来自于杰出的天赋。"

发现半衰期

1901 年至 1903 年期间，卢瑟福和助手弗雷德里克一直致力于放射性元素的研究。在实验中，他们发现物质以某种速度发生衰变，并且原子质量衰减一半所用的时间都是相同的。例如，钍元素衰减到一半的质量需要 4 天时间，而剩余部分衰减到一半仍然需要 4 天，此后的衰变时间依此类推。卢瑟福敏锐地注意到了这种变化规律的实践意义，他意识到这种稳定的衰减速度（"半衰期"）可以用来确定岩石的年代。只要测定岩石的辐射量和它的衰减速度，就可以推测得出岩石的形成时期。他使用半衰期的检测方法，以沥青铀矿（含铀的矿石）为例，发现它形成于 7 亿年以前，这就证明地球的年龄远比许多地质学家认为的要古老得多。卢瑟福在放射性实验中不经意间发现的这个重要变化规律，开创了另一个完全不同的科学领域，由此被誉为放射性测定年代新学科的先驱。

埃尔伯特·爱因斯坦

1905 年，一份德国科学杂志刊登了一篇涉及狭义相对论的文章。该论文的发表无异于石破天惊的大发现，几乎动摇了经典物理学的根基，完全改变了科学界对空间、时间、物质、能量和光等事物的认识。

1879 ～ 1955 年

这篇论文的作者名叫埃尔伯特·爱因斯坦（1879～1955 年），是瑞士国家专利局的职员，当时他年仅 26 岁。爱因斯坦没有大学职位，也没有在任何实验室或科学图书馆任职的工作经验。在许多人看来，他的观点简直如同无中生有，正如物理学家查尔斯·斯诺所说，相对论的提出就好像是爱因斯坦"凭空思考得到的结论，没有任何实验或理论依据"。10 年后，爱因斯坦独立完善了他的这项划时代的科学理论，在狭义相对论的基础上进一步提出了广义相对论，其中还重新阐释了对引力的新理解。他在科学上的特殊成就简直是"前无古人，后无来者"。

■ 幼年的生活

埃尔伯特·爱因斯坦于 1879 年 3 月 14 日出生于德国乌尔姆，从小在慕尼黑城长大。他幼年时只是个普通小孩，并没有任何早慧的迹象。据说他小时候并不活泼，直到 3 岁多才学会讲话。爱因斯坦年幼时非常憎恨学校，严苛的纪律管理和死板的教育方法令他觉得很不自在，他的功课一般，与其他同学相比毫无突出之处。在这个时候，爱因斯坦唯一的娱乐就是拉小提琴，这项爱好陪伴了他一生。此外，数学也是他较为感兴趣的学科。15 岁时爱因斯坦因故被勒令退学，以致没有拿到文凭。

根据德国当时的法律，男孩只有在 17 岁以前离开德国才可以不必回国服兵役。爱因斯坦为了逃避兵役，退出德国国籍来到瑞士。他参加了苏黎世理工学院的入学考试，第一次尝试以失败告终。取得中学学历后，他再一次报考苏黎世理工学院，终于得以跨入理工学院的校园主修物理和数学。1900 年，爱因斯坦从苏黎世理工学院毕业，并找到了一份数学代课教师的工作，但他仍然希望能进入更高的学府深造。此后一年间，爱因斯坦辗转于各高校到处递交入学申请，却都如石沉大海，杳无音信。

1902 年，爱因斯坦在朋友的帮助下找到了一份体面的工作，他正式受聘于专利局任三级技术员，工作职责是审核申请专利权的各种技术和发明创造，这份工作薪水颇为丰厚。正式工作后第二年，他便与匈牙利女子米列娃·玛丽克喜结连理。由于工作相对比较轻松，为他开展科学研究腾出了不少时间，爱因斯坦兴奋地称之为自己的"抽象和数学思考的随意时间"。从那时起，爱因斯坦开始向德国的一份物理学杂志《物理年报》投寄论文。

■ 奇迹般的一年

1905 年，爱因斯坦在科学史上创造了一个史无前例的奇迹。这一年他向《物理年报》杂志陆续递交了 5 篇论文，分别在物理学的多个领域作出了突出的贡献，其中一篇甚至有着划时代的历史意义。他在第 1 篇论文中，用光量子概念巧妙合理地解释了经典物理学无法解释的光电效应。1921 年，爱因斯坦因为"光电效应定律的发现"这一杰出成就获得诺贝尔物理学奖。

第 2 篇是关于分子大小的测定方法，凭借此文，爱因斯坦获得了苏黎世理工学院的博士学位。第 3 篇则从理论角度解释了布朗运动现象。所谓布朗运动，指的是液体中悬浮粒子的无规则运动情况。爱因斯坦应用数学工具，证明液体分子的无规则运动是分子的热运动和分子间相互碰撞的结果。这篇论文的发表对原子论的建立具有至关重要的作用，从侧面证实了原子的存在性。

■ 狭义相对论的提出

1905 年 6 月，爱因斯坦完成了开创物理学新纪元的第 4 篇论文《论动体的电动力学》。他在这篇论文里完整地提出了狭义相对论，该学说的主要观点在于，时间和空间概念对于观察者而言都是相对的。换句话说，我们之所以感觉到时空变化速度一致，那是因为相对运动速度相同。当观察者之间的相对速度不一致时，就会观察到异样的情况。例如，当一艘太空船以接近光速的速度经过地球时，在身处地球的观察者看来，船身似乎正变得越来越短。如果他对太空船进行测重，还会发现它的重量比相对静止时要大得多。此外，假如在舱内放入一只手表，奇迹发生了：太空船内的时光似乎放慢了脚步，以致手表的走时减慢。但相对于舱内的宇航员来说，太空船内的一切——包括船身长度和重量和时间等依然正常如初。

狭义相对论的提出是近代物理学领域的伟大革命。它改变了牛顿力学的时空观念，明确指出世界上没有绝对时空的存在，时间和空间都取决于参考系的位置和相对速度。在此之前，从来没有人对时空的绝对性提出过质疑，而现在经典物理学的时空观念却遭到了前所未有的挑战：人们之所以没有感觉到时空的相对性，是因为所有人都在以缓慢的速度运动着。对于爱因斯坦而言，唯一绝对的概念是光速，无论在何时何地，光速的测量结果都是绝对一致的。他还认为物体的运动速度永远不可能超越光的传播速度，因为当物体以光速运动时，其质量会无限增大，长度无限缩小，时间则完全停滞。

■ $E = MC^2$ 质能方程式

爱因斯坦发表狭义相对论学说后，并未满足于已有的发现，又开始对其进行了更深一层的研究，着手开始第5篇论文的撰写。根据狭义相对论，当研究对象的运动速度接近光速时，物体质量会不断上升，这个过程必然需要相应的能量来维持。简单地说，就是能量转化成质量。爱因斯坦因此指出，质量是能量的一种特殊形式，并推导出著名的质能方程式：$E = MC^2$（能量相当于质量和光速平方的乘积）。这是一个全新的科学观点，其应用范围非常广泛，例如，它可以用来解释放射现象产生的机理。微小的放射性元素分子之所以能够释放出巨大的放射能，是能量和质量之间快速转化的结果。此外，公式 $E = MC^2$ 还预示了一个普遍原理，即每个原子内部都蕴含着巨大的能量。

> 世界上没绝对时空的存在，时间和空间的大小取决于参考系的位置和相对速度。

起初，爱因斯坦的理论

并未引起太多的关注。就爱因斯坦本人而言，他仅仅是一位身份低微的专利局技术员。尽管他拥有博士学位，但在科学界仍然缺乏足够的地位和分量。此外，他提出的理论实在是太过超前，其中包含的公式也极其复杂深奥，以致大多数科学家都难以理解，部分人甚至还认为他的想法纯属"古怪"。终于有一天，著名物理学家普朗克致信给他询问了有关狭义相对论的一些问题，这次交流非常愉快。1906 年，普朗克还派助手拜访了他。自此，爱因斯坦的名声与日俱增。1907 年，他开始寻求一个大学职位以便继续他的科学研究。2 年后，爱因斯坦辞去了专利局的职务，成为苏黎世理工学院的理论物理学教授。期间，他来到布拉格德国大学进行了短期交流，并于1912 年晋升为该校的教授。1913 年年末，在马克斯·普朗克的盛情邀请下，爱因斯坦远赴柏林大学以教授身份加入到他的研究团队中。由于柏林大学的任教工作相当轻松，爱因斯坦得以自在地开展自己的实验研究。

■ 广义相对论的提出

狭义相对论建立后，爱因斯坦并不感到满足，力图在理论中引入引力场的影响并建立起广义相对论的学说。之所以冠以"狭义"二字，是因为该理论只适用于匀速运动的物体，一旦引力项加入其中，物体的速度和方向就会发生变化，该理论也就不再适用。爱因斯坦于 1915 年递交了关于广义相对论的文章，该文发表后引起的反响堪与 10 年前的狭义相对论媲美。几百年来，牛顿等物理学家都认为引力仅仅是一种力，但爱因斯坦却赋予它完全不同的概念。他提出，引力场其实是一种时空的弯曲作用，它依附于有质量的物质而生。所谓"时空"，即空间和时间，这两个通常被我们区别对待的物理概念，事实上是一个四维统一体。其中，三维指的是组成空间的 3 个方向，第四维则为时间项。根据爱因斯坦的广义相对论，物体在时空区域中由于质量的存在会造成时空的弯曲。同时，物体质量越大，弯曲程度也越明显。行星之所以会围绕太阳旋转运行，力的强制作用是一个重要原因。太阳本身的弯曲时空也是一个不可忽视的元素，它导致行星运行轨道呈椭圆形而非圆形。

在当时，大多数科学家都无法理解爱因斯坦的这项最新理论，甚至一些专家认为它荒诞不经，对它不屑一顾。爱因斯坦必须找到确凿的物理

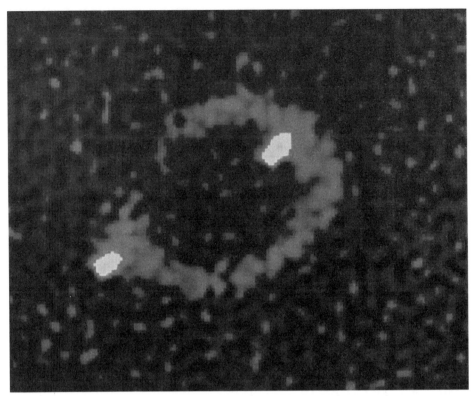

↑这是一张科学界称之为"爱因斯坦环"的遥远星系的太空照片，首次发现于1987年。爱因斯坦在此将近70年前曾提出广义相对论，并预言了这种环的存在：在一些特殊的情况下，由于星系引力场的作用，遥远天体所发出的光线会严重变形，以致产生一个完整的圆环。

证据，才能劝服世人接受自己的学说。他在广义相对论中指出，任何物体都会受到弯曲时空的影响，就连快速传播的光也不例外。因此如果人们能在地球上观测到遥远的星体在绕太阳运行时光线会发生弯曲，那么就能为相对论提供强有力的事实依据，而日食是唯一可以在白天观察到星体的时机。1919年5月29日，天文学家亚瑟·爱丁顿爵士组织日食远征队到非洲的几内亚进行实地观测。11月，伦敦皇家学院发表声明，指出爱丁顿拍摄的照片中显示的一个重要现象：当星体运行到最大程度接近太阳的时刻，其位置发生了微小的移动。恰恰是这一看似不起眼的变化有力地证明了爱因斯坦广义相对论的正确性。

光电效应

在光的照射下，物体中的电子逸出的现象叫作"光电效应"。科学家们早已发现了这个物理现象，却始终找不到产生这种现象的原因。爱因斯坦高明地引入新兴学科量子力学的理论，解决了这个难题。量子力学指出，放射性物质辐射的能量并不是连续的，而是以一份一份的"量子"形式进行释放的。由此及彼，爱因斯坦想到光能的作用机理或许与此相似。他指出，一束光柱其实就是一束携带能量的粒子流。相对辐射能中的量子，他把它们称作光子。当光子照射到物体上时，它的能量可以被物体中的某个电子全部吸收。如果电子吸收的能量足够大，那么电子就可以离开物体表面脱逸出来。1913年，物理学家的实验证实了爱因斯坦的理论。

■ 全世界最著名的科学家

各大报纸纷纷把这一惊世发现列为版面头条，爱因斯坦也因此声名大振，迅速成为当时世界上首屈一指的伟大科学家。各地的信件纷至沓来，邀请他撰写专著或者请他到当地作学术报告。然而，爱因斯坦生性内敛不善社交，对这些热情洋溢的言辞一概置之不理，依然埋头于自己的学术工作。他接下来的课题是探究电磁场和引力场之间的联系，向发现伟大的"统一场论"跨出了极为关键的第一步。统一场论提出了一个适合于宇宙万物的自然规律，从亚原子结构到行星和恒星等天体，都可以应用该理论解释其现象。在爱因斯坦的后半生，他几乎把全部的科学创造精力都用于统一场论的探索，但都没有取得真正具有物理意义的结果。此外，他参与构建有关量子力学的完备性问题，并从中发现了亚原子微粒的测不准原理。该学说的基本思想是，运用数学方法只能计算出亚原子微粒在某处出现的几率，却无法确定其确切位置。从某种程度上说，爱因斯坦是认可量子力学的研究意义的，但他始终拒绝接受测不准原理，或者说，是物理学研究中这种不确定的思维方式让他反感。正如他自己坚持的信念，"上帝不会掷骰子"，他永远也不能接受模棱两可、似是而非的科学理论。

爱因斯坦于1929年发表统一场论的第一版专著，全世界的媒体都对此表示了极大的关注。与之相对，科学家同行们则持批评的态度，他们认

↑该图根据爱因斯坦的广义相对论形象地展示了行星使时空弯曲的现象。蓝色格子线条代表时空，它们就像是有弹性的橡胶薄层，物质质量的变化则引起了这些线条凹痕大小的改变。

为爱因斯坦的研究方向发生了错误，并希望他可以早日放弃在这个领域的工作，加入到量子力学的研究大军中来。

20世纪20年代，爱因斯坦逐渐把精力投入到政治事业上。作为一名终身的和平主义者，他一直关心着人类的文明和进步，并积极参与人类进步事业。他周游列国，与当时著名的社会活动家同行。如精神分析学家西格蒙德·弗洛伊德、印度诗人和神秘主义者罗宾德拉纳特·泰戈尔等都是他的同伴。1933年，爱因斯坦移居美国，在新泽西的普林斯顿高级进修学院任职。1950年，他出版了统一场论专著的第二版书籍，仍遭到同行的反对。在这个时期，由于他远离了当时物理学研究的主流，不少理论物理学家已经开始忽视爱因斯坦的工作，但他依然无所畏惧，毫不动摇地走自己所认定的道路。爱因斯坦于1955年4月因病逝世，享年76岁。

现在，爱因斯坦被认为是人类历史上最伟大的科学家。他在20世纪初提出的经典理论极大地改变了人类对世界自然规律的理解。尽管在提出广义相对论时，爱因斯坦还认为宇宙是静止的，但其包含的理论却从侧面预示着我们生活的宇宙在不断扩大。1929年，天文学家爱德温·哈勃证实了这个假说。爱因斯坦提出的质能方程式 $E=MC^2$ 被后人应用于核能的研究，在原子弹和氢弹的制造中也起到了关键的作用。而对于爱因斯坦遗留下来的统一场论难题，当代的科学家们又重新认识到了它的重要意义，对电磁场和引力场的研究正在进行中。

阿尔弗雷德·魏格纳

阿尔弗雷德·魏格纳（1880～1930年）率先提出了大陆漂移说，指出地壳始终处于不停的运动中。该理论被认为是地质学史上最重要的理论，人类对地质演变的认识由此向前迈进了一大步。

1880 ～ 1930 年

阿尔弗雷德·魏格纳于1880年11月1日出生于德国柏林，他是家中最小的孩子。父亲理查德·魏格纳医生是福音会会长，在当地开办了一家孤儿院。魏格纳年轻时对格陵兰岛产生了浓厚的兴趣，这里成为他后来研究气象学的主要场所，同时也是他的安息之地。青年时代的魏格纳为了便于今后参加极地探险还学会了滑雪和溜冰，并日夜勤加练习。

千百年来，人们一直以为陆地和海洋的位置没有发生过任何变动。魏格纳大陆漂移说的提出打破了这个固有的认识。他指出，如今炎热的荒漠曾一度被极地冰帽覆盖，而同一个地区可能曾陆续出现过不同的地貌。魏格纳一生孜孜不倦地寻求真理，力图让人们相信他的理论。

魏格纳认为，大陆漂移说可以用于解释诸如火山爆发、地震、造山运动和磁极移动等地表的各类大面积运动。然而，当他的说法最终获得承认时，他本人早已逝世多年。魏格纳接受过系统的天文学教育，并成了一名气象学家，他到处搜集支持大陆漂移学说的证据。遗憾的是，当时的科学界却错误地把他认定为业余爱好者，认为他年轻气盛、傲慢无礼。他所提出的理论也都被看成是些违逆真理的怪念头。

■ 气象专家

1904 年，魏格纳在柏林大学获得了博士学位。后来他很快就对气象学这一新兴学科产生了浓厚兴趣。他和弟弟库尔特一起，在柏林附近的皇家普鲁士航空天文台就职，不久他便在气象学领域崭露头角。魏格纳利用风筝和气球探测高空大气的状态，他还和库尔特共同创造了一项世界纪录——驾驶热气球在空中飞行 52 个小时以上。

1906 年，丹麦为研究极地气流组织了一支探险队前往格陵兰岛东海岸考察，魏格纳很幸运地作为气象学专家随队前往。在这次行程中，魏格纳认真研究了冰帽的大气状态，成为使用风筝和气球勘测的第一人。

回到德国后，魏格纳被任命为马尔堡大学的授课讲师。他讲课深入浅出、引人入胜，几乎所有学生和听众都为他精彩的讲座所折服，魏格纳的名声很快就传了开来。他善于迅速接受新知识，并将它们与当时已有的概念完美地加以整合，形成浑然一体的结构，使得所有复杂的难题都迎刃而解。然而，尽管魏格纳是气象学领域一颗冉冉升起的新星，他毕生最伟大的贡献却并不在此。

↓北美洲和欧洲的大陆板块曾经接合，这在冰岛的平格费利尔地区附近非常明显。在这里，峡谷和峭壁标志着大西洋断层的缝合踪迹。如图所示，左边为北美大陆板块的东部边缘，右边则为欧洲地区的西部边缘。

■ 漂移的大陆

魏格纳很早就注意到了各大陆的轮廓特征，并开始认真思考它们之间的关系。1910年12月，他在给未婚妻的信函中写道："把南美洲的东海岸和非洲的西海岸互相靠拢，是否会发现两者曾经是合在一起的？我会对此作出进一步的研究。"他积极地收集各方资料，很快就找到了有力的化石依据。

1911年的秋天，魏格纳在学校图书馆翻阅资料时偶然发现一本考古书，其中列举了大西洋两岸动植物的化石标本。他被这本书的内容深深吸引住了，并决心寻找类似的证据。在那时，科学家们已经发现两岸间的化石具有一定的相似性，但他们认为这是因为两块大陆之间一度存在着横跨大洋的桥梁。由于某种原因桥梁逐渐沉入海底，随着地表的冷却和收缩，大桥的痕迹也变得无处可寻。在收集到部分资料后，魏格纳对这个解释提出了疑问。他提出，在远古时期地球上所有的大陆和岛屿都连结在一块构成了一个庞大的原始大陆，叫作泛大陆（取自希腊语，意为"整块大陆"）。后来，这块泛大陆先后在多处出现裂缝，裂缝两侧逐年扩大，海水侵入，就产生了新的海洋和新的大陆分块。魏格纳敏锐地发现自己的理论极具说服力。他满怀信心地在记录本中写道，"我坚定不移地相信自己的发现。"

1912年1月，魏格纳出席了地质学会在法兰克福举办的学术会议，在会上他提出大陆漂移的假说，并向与会者详细解释了大陆移动分裂和海洋形成的过程，在座听众无不惊讶万分。魏格纳心里很清楚提出该假说的巨大影响，它或许将会动摇当时对地球历史认知的一切基石。

同年，他再一次组队去往格陵兰实地考察。这支由4人组成的小队曾经遭遇冰川突然倒塌的灾难，他们冒着生命危险艰难跋涉，克服种种难以想象的困难，终于得以安全返回基地。他们因此成为第一支在极地冰帽上过冬的队伍。在第二年春天，他们横跨1208千米的雪地，攀爬了3048米高的冰山，创造了在冰层上行程最长的纪录。通过这次探险，魏格纳收集到充分的地质学资料，回到德国后，他又对数据进行整理并予以发表，这一切令他声名大振，一跃成为世界权威的极地气象学和冰川学专家。

回国后不久，魏格纳与著名气象学家W．P．科彭的女儿爱尔丝·科彭喜结连理。婚后，他仍然坚持不懈地发展自己的大陆漂移学说。1915年，魏格纳出版《海陆起源》一书，却没有产生预期的轰动效果。第一次世界大战期间，魏格纳被敌军的炮弹击中身负重伤。因为战事混乱，他的学说并没有传播到德国以外的地区。

■ 矛盾和斗争

1922 年，第三版《海陆的起源》出版问世。这一次，它被翻译成多种语言，包括英语、法语和西班牙语，并迅速在国际科学界引起了广泛的关注。但是其反响并不令人振奋，这部书遭到了学术界广泛的抨击，尤其是在美国等地更是遭到了近乎诬蔑的激烈言辞。美国哲学学会会长甚至还鼓励全体人民反对大陆漂移学说，并无端谩骂魏格纳的理论。

不久，魏格纳受邀到纽约作学术演讲，在那儿遇到了对他的学说抱有强烈敌意的反对者。他们口出恶言，称魏格纳只是个业余的地质学爱好者，一个无视传统、傲慢自大的骗子。

尽管魏格纳收集到大量确凿的证据来证明大陆在地球表面漂移的说法，但都无济于事，人们对此完全置之不理。20 世纪 20 年代，魏格纳引入了一个新概念"极波动力"，这是一种由地球自转产生的、促使大陆离开两极移动的力。他认为，极波动力和潮汐力或许就是大陆漂移的原动力。其中一位反对者通过数学运算得出，能够推动大陆的潮汐力数值大得简直不可思议，几乎可以在一年内就导致地球的自转停止。

海陆的起源

魏格纳提出，各个大陆板块并非扎根于地球深处，它们是运动的。海洋底部的岩石多半都是玄武岩，这是一种比花岗岩还要致密的岩石，是它们构成了大陆的主体。他发现，在玄武岩上方漂移的大陆就像是在海洋上漂浮的冰层。由于岩石密度要大得多，而且它们的运动速度也缓慢无比，大陆板块在洋底壳上几乎是步履蹒跚，就像是碎冰船在费力穿越结冰的海域一样。魏格纳认为，在地球形成之初只有一个庞大的原始大陆（泛大陆），直到 2 亿年前这块大陆才逐渐分裂成大小不一的陆块，并运动至今。当板块之间相撞时，它们互相挤压，结合处的岩石逐渐向上拱起，最终形成了现在的山脉。

虽然反对声不断，仍然有一部分科学家坚定地维护魏格纳的学说。瑞士地质学家埃米尔·阿甘德在研究阿尔卑斯山的褶皱扭曲地层时，认为这是支持大陆板块运动的有力证据。南非地质学家亚历山大·迪·托伊特非常兴奋地注意到非洲和南美洲的化石极其相似，而且非洲西海岸和南美洲东海岸的地形轮廓几乎是吻合的。值得一提的是，爱丁堡大学的教授阿尔佛雷德·赫尔姆斯在研究中指出，很可能是地球深处的对流岩流推动了大陆的漂移，这一点很大程度上与魏格纳在1929年版著作中提及的原理不谋而合，如今该理论已被广泛接受。尽管如此，在当时的大多数人眼里，魏格纳的理论依然是荒谬而缺乏依据的，对科学研究来说毫无可取之处。

魏格纳深知自己的理论过于超前，还需要更多的证据来进行阐述和说明。他查阅了大量各个学科领域的知识，并研究了大西洋两岸的地貌特征以及化石资料，对绵延的山脉、各大煤矿和金属矿区等地形进行实地勘探并绘制了相关地图，从而证明大陆之间曾经是互相连接的。例如，非洲和南美洲地区本来是连成一片的，而南极洲到印度再到非洲曾经也是一个整体。

魏格纳最强有力的证据当属来自古气象学资料的支持，这是一门研究几百万年以前气象状况的学科。在弗拉德·科彭的帮助下，他在泛大陆的地图上标出了古代的热带丛林、冰层和荒漠的位置，至此一切都真相大白了。

在大约2.8亿年前的石炭二迭过渡期的冰川时代，世界各地随机分布着大片的冰层，还有部分地区是炎热的沙漠。在魏格纳的地图上，其中一个沙漠地带集中在南极附近。根据大陆漂移假说，那儿曾经是非洲、南极洲、澳大利亚和印度等地区的联结之处。

■ 一个英雄悲剧的结局

由于魏格纳的理论在地质学界引起了轩然大波，几乎没有一所德国的大学愿意授予他博士的头衔。值得庆幸的是，1924年，奥地利的一所小规模学校——格拉茨大学终于聘任他为气象学和地球物理学教授。

在格拉茨，魏格纳继续在极地气象领域的辛苦耕耘，并于1930年又一次带领小分队深入格陵兰冰原进行考察，这次行程从一开始就屡遭不测。当他们行进到距离海岸402千米的地方时，探险队被困，队长魏格纳不得不请求支援。然而由于天气状况恶劣，大部分营救队伍都在中途折回。魏格纳和两名同伴在零下58℃的温度下，顶风冒雪，坚持了40多天终于穿过厚厚的冰层回到了营地。

1930年，魏格纳55岁生日的第二天，他与助手威尔森一起踏上了征途，这一去就再也没有回来。直到第二年春天，魏格纳的遗体才被发现。营救人员找到他时，他躺在睡袋里，两侧雪地里还竖立着他的滑雪橇。显然是威尔森亲手安葬了他，而威尔森自己则消失在一望无际的雪野中，再无踪迹。魏格纳的队员们在他长眠之地建立了一个冰雪陵墓和一块50厘米高的铁制墓碑。如今，他的陵墓和墓碑都已被掩埋在茫茫冰雪之下。

魏格纳的理论在他死后逐渐衰退，他没有任何的学术拥护者，只有一小部分热心人依然保留着所有的资料。1950年，涌现了大量可以用来监测地球外壳活动性的新科学技术，科学家们应用这一系列新技术监测海底的情况（海洋学），对几百万年来地球磁极的变化情况进行了深入研究（古磁学），这才证实了魏格纳的大陆板块漂移假说的合理性。

板块构造论

现代板块构造理论解释了魏格纳提出的大陆板块漂移假说。地球最上层的部分——地壳，以及上层地幔一起，被划分成了七大板块和其他小板块。它们漂浮在其他地幔的上方，在高温下形成了厚厚的有黏性的液体岩石（岩浆）。

这些板块在地球表层缓慢移动，而它们的运动推动了魏格纳所谓的大陆漂移。尽管魏格纳曾错误地认为移动的只是大陆板块，或者它们只在海洋表面漂移，但这并不妨碍该假说的合理性。如今，科学家们循着几百万年以来板块的变化情况，经过仔细分析得知，大西洋仍然在不断扩张，北美洲正在以每年2.5厘米的速度远离欧洲大陆（是魏格纳计算结果的百分之一）。

对于板块为何会在岩流圈上漂移现象的解释，如今尚无一致的说法。较为普遍的一种说法是由福尔摩斯提出来的，他认为下方地幔中形成的对流岩流是主要动力。正如魏格纳所说："能圆满解释漂移学说的科学家还未出世。对此，我们完全不必恐慌，因为这门新学科仍然很年轻。"

尼尔斯·玻尔

尼尔斯·玻尔（1885～1962年）是20世纪最伟大的物理化学家之一。他提出著名的"太阳系"原子结构模型，并指出电子在原子内部以一定的轨道环绕原子核运行。该理论至今依然是人类对一切物质认识的基础。

1885～1962年

作为一位才华横溢的思想家，玻尔毕生献身于科学事业，同时他又是一位胸怀宽广、语气温和的演说家。早在青年时期，玻尔的杰出才华便已初露端倪。1904年，玻尔的一位学生这样描述他的导师："与科学巨人的接触是如此美妙，我几乎每天都跟他在一起。我指的是尼尔斯·玻尔……除此之外，他是我想象中的最优秀、最谦虚的人。"晚年的玻尔发扬人道主义精神，和当时的许多科学界同行一起加入到反对核武器研制的队伍中。

玻尔因为对原子结构的惊世发现获得了诺贝尔物理学奖，元素铍（苏联对105号元素的称呼）也以他的名字命名。他终身担任哥本哈根理论物理学会的会长，在他去世后，学会为了纪念他的杰出成就也随之改了新的名字。

■ 少年时期的玻尔

尼尔斯·玻尔于1885年10月7日出生在一个豪华的宅第里，他的外祖母是犹太人，家里经营的是银行业务，生活条件相当富裕，在当地也颇具影响力。父亲克里斯汀·玻尔是哥本哈根大学的生理学教授。当时，教育界正掀起一股尊崇知识和鼓励学习的风气，玻尔置身于各个领域的热烈讨论中，被无数文艺作品包围。玻尔幼年时，父亲的朋友常常来家中讨论哲学问题，聆听大人的谈话激起了他寻求人类普遍定律的最初热情，促使他在后来把量子理论应用到化学中，实现了不同学科间的交叉和融合。

玻尔在求学期间，并没有表现出超人的天赋，在20人的班级里，他往往排在第三、四名的位置。玻尔踢球技术精湛，但他的哥哥哈拉尔在这方面表现得更为出色，哈拉尔还代表丹麦参加了1908年奥运会的足球赛摘银凯旋。除了拥有对足球的共同兴趣外，玻尔和哈拉尔还是最好的朋友，兄弟俩亲密无间，几乎一辈子都生活在一起。他们在彼此的通信中交换对问题的不同看法，就连玻尔的一些发明可能也与他哥哥密切相关。

■ 一个充满希望的开端

玻尔原本是在哥本哈根大学就读的，但由于学校里没有完备的物理实验室，他不得不到父亲的生理实验室里完成他的探索工作。尽管条件艰苦，但他的工作却非常出色。玻尔研究了水表面张力的测量方法，并因此在1906年获得了丹麦科学学会授予的金质奖章。

1911年，玻尔获得博士学位。之后，他不远万里来到英国，希望能加入剑桥大学J.J.汤姆逊的研究组，成为他的实验助手。然而事与愿违，二人之间却因为一些小摩擦产生了隔阂，最终玻尔唯有选择退出。

玻尔没有因此沉寂落寞，他很快又找到了一个新机会。此时，欧内斯特·卢瑟福新提出的原子理论刚刚出版，他宣称原子的大部分质量都集中在核内（中心）。1911年10月，卢瑟福在剑桥大学开办演讲会传播他的新理论，玻尔前往倾听他的精彩演讲后大受震动。1个月后，玻尔来到曼彻斯特探望父亲的一个知交友人，恰好卢瑟福也受邀到场并与他共进晚餐。这次会见相当成功，二人一见如故，交谈甚欢。次年3月，玻尔就加入到卢瑟福在曼彻斯特的实验小组，参与研究原子结构。玻尔一生以导师卢瑟福为榜样，无论是人格方面还是工作方面，他都对卢瑟福敬佩有加。师徒俩尽管个性大相径庭，却是无话不谈的好友。玻尔离开曼彻斯特后，两人一直保持着通信关系，直至1937年卢瑟福去世为止。

■ 一个新的原子模型

在曼彻斯特期间，玻尔仔细阅读爱因斯坦和普朗克发展的量子理论，思考原子结构的可能形式，并对卢瑟福提出的原子模型加以修正。虽然卢瑟福的模型在当时看来是一个划时代的大发现，大大推动了微观理论的发展，但细究起来，它的模型仍然存在着不足。在他的模型中，电子会逐渐以螺旋式轨迹靠近原子中心，或是被附近的正粒子撞离原来的运行位置。

量子理论

玻尔原子结构模型与卢瑟福的模型最关键的不同点在于，电子占据了不同的运行轨道或者是外壳，而不是在原子核外部杂乱无章地混作一团。

一个电子可以在不同轨道间跃迁，但不能同时占据两个轨道，它的跃迁远离或靠近原子核就意味着吸收或释放出一定的能量。

最里层的电子轨道可以容纳 2 个电子，第二层轨道则可以容纳 8 个电子，其余依此类推。如果里层的轨道没有被电子占满，则外层电子就可以跃迁到里层。此时能量就像光（光子）一样释放了出来，其能量是固定的，相当于一个量子。

↑图为玻尔原子模型示意图，其外壳被电子占据。

氢的放射光谱——即 α 粒子轰击氢核时得到的光谱线——是玻尔模型的有力佐证。该光谱图像显示，光是以固定模式释放的，就像电子在固定轨道间跃迁一样。

6 个月后，玻尔离开曼彻斯特回到哥本哈根，并于 1912 年的夏季迎娶了他的新娘玛格丽特·诺琳德。他们一生总共生育了 6 个儿子，其中 2 个在幼年时不幸夭折。第 4 个儿子艾吉则跟随父亲迈入物理学领域，并于 1975 年获得诺贝尔奖。

玻尔回到哥本哈根后继续在原子理论上埋头苦干。1913 年，他在英国发表了 3 篇相关的论文。由于他在原子结构上作出的杰出贡献，1922 年，他被授予诺贝尔物理学奖。20 世纪 20 年代，玻尔在丹麦建立了研究院，他之前提出的原子理论为他后来在量子领域的研究奠定了坚实的基础。

1914 年，哥本哈根大学授予玻尔理论物理学的教授职称，但第一次世界大战的爆发耽搁了这项任命，直至 1916 年他才正式上任。之前，曼彻斯特大学为他提供了 2 年的高级讲师职称。玻尔为了接手这个职务，与妻子一起远涉重洋，冒着战争中的枪林弹雨，经历千辛万苦来到曼彻斯特。这份工作使他远离繁重的讲课任务，能够安心地做自己的研究。

1916 年后，玻尔回到哥本哈根接受了延迟的任命，并当选为丹麦皇家科学学会的会长。他一直致力于建立一个理论物理学的研究所，1921 年，在丹麦嘉士伯啤酒厂的赞助下，理论物理学协会顺利建成，玻尔担任协会会长，直至逝世。玻尔去世后，协会为了纪念他也改为以玻尔的名字命名。1963 年，玻尔的儿子艾吉继任了父亲的职位。

■ 解开元素之谜

除了在量子理论上的杰出成就外，玻尔还进一步完善了自己提出的原子结构学说，并将其与元素周期表结合考虑。他指出原子内部的电子结构与元素性质密切相关，通过它甚至能预测对应元素的特性。同样，人们也可以通过元素在周期表中的位置判断其基本性质。

在玻尔的带领下，哥本哈根研究院吸引了许多世界著名物理学家的目光，大批人才来到研究院，这里逐渐成为原子物理和量子理论的全球研究中心。同时，玻尔四处宣讲自己的经典理论，欧洲、美国、加拿大等地都留下了他的足迹。

■ 巨大的变化

玻尔向科学界强调自己的新原子模型属于纯物理的学说，并预见到了由此可能衍生的新理论。同一时期，在玻尔的原子量子模型基础上，量子力学开始崛起。1927 年，海森堡发表了量子力学的测不准定律。该定律指出，对某个粒子进行能量的测定时，只要受到测量行为的影响，其位置就会发生变化，因此要同时测定粒子的位置和能量是不可能的。

原子结构和元素化学

每一种元素都对应着特定的原子序数，第一个就是原子序数为1的氢元素。同时，原子序数和元素原子中的质子是相对应的。

玻尔已经证明，电子在原子核周围的固定轨道上运行。原子具有固定的外壳（容许轨道）以维持稳定的内部结构，通过原子内部电子的分布、吸收和释放以维持整体的稳定。

原子之间形成化学键的过程和键断裂的难易程度，取决于电子的结构。原子序数规定了元素在周期表中的位置，通过周期表，人们就可以预测元素的反应性质。

1927年的9月，玻尔运用海森堡的测不准定律解释互补的概念。尽管玻尔的说法得到了肯定，伟大的物理学家埃尔伯特·爱因斯坦还是对玻尔的新解释产生了质疑。二人在这个话题上争执不休，虽然爱因斯坦始终没有接受他的理论，但玻尔却吸收了他们争论中迸发的大量思维精华，完善了互补原理。1927年，他在记事本中这样写道："凡是对量子力学学说毫不惊讶的人都没有真正了解它的精髓。"

■ 一场艰难的战争

20世纪30年代，玻尔逐渐对核裂变产生了兴趣，并着手探索从中获得能量的方法。核裂变指的是原子核在分裂中，释放出大量能量的过程。这项研究的意义重大，第二次世界大战即将拉开帷幕，原子弹开发速度的快慢变成了各国之间军事力量的竞争。莉泽·迈特纳从已被纳粹党人占领的奥地利逃出，并带来一个新消息：德国人正在研究核裂变。就在这个时候，海森堡拜访了玻尔，并借机和他讨论德国在研究原子弹的事情。事实上，海森堡自己就是这项工程的负责人。接着，他便宣称自己和玻尔已经达成协议，一旦研究表明原子弹的制造是可行的，便立即停止工程。但玻尔本人对这个所谓的"共识"始终持坚决否定的态度，表明自己从未与海森堡缔结过任何盟约。

希特勒在德国攫取政权之后，疯狂的法西斯分子对犹太人进行了残酷

> "凡是对量子力学学说毫不惊讶的人，都没有真正了解它的精髓。"

的迫害，许多犹太科学家纷纷逃离家乡，过着流离失所的艰难生活。玻尔看到这个景象后，在哥本哈根的研究所为科学家们提供了安身之处。战争爆发后，他甚至还捐献出自己的诺贝尔奖章争取世界和平。1940年，德国军队侵入丹麦境内，玻尔的犹太人血统给他的生命安全带来了威胁，更何况他毫不掩饰自己强烈的反法西斯情绪，让严峻的局面雪上加霜。面对日益严峻的形势，人们冒险用一只小渔船把玻尔一家送到了彼岸的瑞典。他们藏身在英国轰炸机的空炸弹架上，来到了英国。

一切安顿下来后，玻尔出于反战情绪，决定比德国抢先一步研制出原子弹。他和儿子艾吉搬迁至美国的洛斯阿拉莫斯，和其他英国科学家一起加入了曼哈顿工程。玻尔本人一直反对使用核武器。1944年，他尝试说服罗斯福（美国总统）和丘吉尔（英国首相）不要诉诸武力，提出国际间的友好合作远比核武器的研制重要得多。他还认为自己的研究成果应该与俄国一起分享，并且提出了战后武力控制的观点，这让丘吉尔大为恼怒。1950年，玻尔在致联合国的一封公开信中，明确拒绝了单方发展原子武器的任务。

1955年，玻尔领衔推动在日内瓦召开的第一届国际和平利用原子能会议，并协助在瑞士建立了CERN——即1954年成立的欧洲原子核研究中心。1962年11月18日，玻尔因中风在哥本哈根逝世，享年77岁。

互补原理

玻尔的互补性原理的基本思想是，电子可以同时被看作是波或微粒，但在任意时刻，人们只能由其中一个性质进行研究。他指出，电子的这两个矛盾的性质可以在不同实验中分别得到证明，而且，两者的结果不会对另一方产生任何影响，人们必须把所有的因素都同时考虑在内。据此，玻尔对最初提出的原子结构模型作出了微小的改动，这意味着，认为电子占据某个特定轨道的说法不再准确，唯一可以确定的是它在某个位置出现的几率。

爱德温·哈勃

美国天文学家爱德温·哈勃（1889～1953年）几乎颠覆了人们关于"宇宙不变"的固有观念，他指出宇宙体积一直处于变化之中，其杰出贡献为现代宇宙论的发展奠定了坚实的基础。

1889 ～ 1953 年

20世纪初，天文学家普遍认为我们的银河星系就是整个宇宙，其横跨距离大概是几千光年。20年代，爱德温·哈勃指出，我们所在的宇宙浩瀚无比，而银河系仅仅是数以万亿的宇宙星系中的一个。他还揭示出宇宙在不断地膨胀，为"创世大爆炸"的宇宙诞生论提供了第一个较为可靠的依据。

■ 早期生涯

哈勃于1889年11月29日出生于美国密苏里州的马什菲尔德市。9岁那年，哈勃全家搬到了美国伊利诺伊州东北部的惠顿（位于芝加哥郊区）。少年时期的哈勃身强体健，是一名出色的运动员，在学校各大运动会中往往能力拔头筹。1906年，他甚至还打破了伊利诺伊州的跳高纪录。

哈勃不仅热衷于体育活动，对科学也表现出极大的热忱。长大后，他在芝加哥大学主修数学和天文学课程。在校期间，他有幸聆听了享誉世界的天文学家乔治·埃勒里·海耳的生平事迹，在深深为之折服的同时立志要在天文学方面有所作为。课余时间，哈勃仍然坚持体育锻炼，并加入了大学篮球队。他还是一位天才拳击手，其拳击技巧精湛，在同龄人中几乎没有敌手，他的教练曾试图说服他转为职业拳击手。幸好，哈勃还是选择坚持自己的天文学理想，婉拒了拳击教练的建议。

由于德智体全面发展，哈勃在学校里的成就非常引人注目，并于1910年获得英国牛津大学颁发的罗氏奖学金。尽管哈勃热爱科学，但父亲却一直希望儿子能成为一名律师，他答应了父亲的临终嘱托，转而在牛津大学攻读法律专业。23岁时，哈勃返回美国找到了一份律师的工作。但没过多久，他就辞职担任篮球教练，兼任高级中学的讲师。英国的求学经历在哈勃身上留下了明显的印迹：他喜欢类似牛津学者的衣着，嘴里叼着烟斗，连说话也带着英国口音（或者说是他自己的口音）。哈勃的特立独行受到了学生们的热烈关注，他独特的教育风格也同样大受欢迎，但他始终希望有朝一日能返回科学领域，继续他喜欢的事业。

1914年，哈勃迁往威斯康星州，并以大学毕业生的身份进入芝加哥大学的叶凯士天文台。他首先研究了模糊朦胧的星云，跨出了迈向成功的第一步。1917年，哈勃获得芝加哥大学天文学博士的头衔。作为一名天文学家，他具备全面出众的科学素质，这引起了不少天文学研究所的重视，纷纷力邀哈勃前去工作，最终他选择了加利福尼亚的威尔森天文台（位于帕萨登纳附近）。

■ 造父变星

1919年，30岁的哈勃来到威尔森天文台从事研究工作。在这个时期，天文学家们都误以为宇宙中只有银河系（该词来自拉丁语，原意为"乳白色的天顶"）一个星系。然而当时最新的研究表明，宇宙的体积或许比这更大。哈佛大学天文台的一名女天文学家亨利耶塔·斯琬·勒维特（1868~1921年）观测到一类新星——造父变星（又称仙王座 δ），这是在仙王星座之后发现的第一种恒星。这些恒星的明暗变化遵循着某种未知的节律（造父变星现被命名为"红巨星"，因为与其他恒星相比，它们的年龄非常古老）。勒维特意识到，这些恒星的明亮程度（或者说距离地球的远近程度）与这种未知节律存在着某种关联。她比较了造父变星在太空中不同位置的相对亮度，计算出它们与地球之间的位置变化以及这些恒星之间的位置关系。这次运算的成功首创了人类历史上测量太空不同天体之间距离的先例。

在哈勃加入威尔森天文台之前，另一名天文学家哈洛·夏普莱凭借他的天文学报告震惊了全世界。他利用造父变星的测量方法，较为准确地估算出银河系的直径大约是30万光年，这是原先公认数据的10倍。美中不足的是，夏普莱和同时代的大部分天文学家一样固执地认为银河系就是整个宇宙，对于那些奇怪的被称作"星云"的烟云，他认为那只不过是一些气体的集合体罢了。

■ 发现新星系

在某种程度上，哈勃是一个幸运儿，在他到达威尔森天文台前不久，这里刚刚制成了 2.54 米直径的胡克天文望远镜，这是当时最先进的天文学仪器。与前人相比，哈勃的视野更为开阔。他每天潜心观察太空，并作下详细的记录，不出几年，便小有所成。1923 年，哈勃在仰望夜空时，发现所谓的"气体集合体"仙女座星云中有一颗造父变星。他采用勒维特的测量技术证实仙女座距离地球大约 100 万光年，这已经远远超出了银河系的范围，而且很显然，它是一个实实在在的星系。

哈勃又研究了其他星云中的造父变星，发现太空中还存在着许多尚未被发现的星系。1924 年，他发表了一篇题为《旋涡星云中的造父变星》的论文，产生了很大的反响，他很快成为当时世界上最知名的天文学家。人们蓦然发现，原来宇宙比我们想象中要大得多。夏普莱在读到这则爆炸性的新闻时大为震惊。他立即就

> 哈勃在观察中发现，恒星发射出来的光发生了红移现象：它们正远离地球运动。

此事提笔写信给哈勃："对于星云问题的大突破，我不知道是喜是悲，或许两者兼而有之吧。"

1926 年，哈勃开始建立已知星系的分类系统，根据它们的范围、距离、形状和亮度等一一对它们分门别类。在研究过程中，他发现了一个奇怪的现象：这些星系看起来正在远离地球。在地球上的人类看来，这是由于恒星上发出的光芒发生了红移现象。所谓红移现象，即当一个遥远的光源快速运动时，相对于静止不动的观察者所造成的变化，这些光波的波长被拉长而逐渐向红外线移动。类似地，当光源向观察者方向运动时则发生了蓝移现象。

哈勃并不是第一个注意到天体光波红移现象的天文学家。1914 年，美国一位天文学家也有过同样的观察结果，但是他的发现并没有引起任何关注。12 年以后，哈勃借助更优良的天文望远镜再度发现了红移现象，

并进而提出宇宙中远不止一个星系。

■ 膨胀的宇宙

在助手米尔顿·哈马逊的协助下，哈勃开始研究星系向外后退的现象。1927年，他提出了著名的哈勃定律：星系距离我们越远，其后退速度则越快。种种迹象表明，我们所处的宇宙并非静止不动，而是一直在膨胀。

2年后，哈勃计算了星系的膨胀速度，这就是著名的哈勃常数（H）。对于任意星系，其后退速度（v）可以用以下公式进行计算：v ＝ H × 距离。实际上，哈勃在当时错误地假设银河系是最大的星系，把宇宙的形成年代也缩短了许多，以致高估了常数的取值。然而，哈勃常数依然非常有

↓由于宇宙大爆炸，星系逐渐向外膨胀。创世大爆炸学说揭示了宇宙的起源，指出整个宇宙最初聚集在一个无限小的聚点中，100亿～200亿年以前，该小点发生了大爆炸，碎片向四面八方散开，逐渐演变成了现在的宇宙。

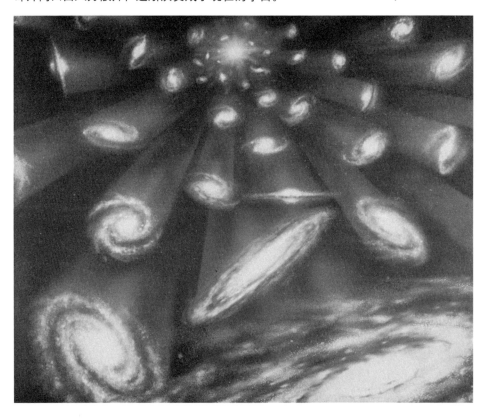

用。后来的天文学家修正这个常数后，常用它来估算宇宙的大小和年代。经计算，宇宙半径大概最多不超过 180 亿光年，而它的形成年代应该在 100 亿～200 亿年之间。

哈勃戏剧性的发现引起了著名物理学家埃尔伯特·爱因斯坦的注意。爱因斯坦曾于 1915 年发表广义相对论，指出由于万有引力的作用，宇宙不是在缩小就是在膨胀。然而，当时天文学界的科学家一致认定宇宙是静止不动的，而爱因斯坦苦于缺乏足够的天文学知识，无力与诸多天文学家抗衡。因此他在新推导出的公式中引入了一个宇宙学常数——反引力常数作为补充。而现在，哈勃的惊世发现恰恰证实了爱因斯坦的预言。爱因斯坦在后来的评论中，称引入反引力常数是"我一生中所犯下的最大的错误"。他甚至于 1931 年特意到威尔森天文台拜访了哈勃，感谢他纠正了自己的错误。

1936 年，哈勃的天文学巨著《星云世界》出版，书中详细阐述了他的学说，由此奠定了他在天文学领域不可动摇的地位，并使他成为当时科学界最耀眼的巨星。威尔森天文台也因此摇身一变成为最佳的旅游胜地，而哈勃也成了加利福尼亚学会的精英分子之一。

1939 年第二次世界大战爆发，1941 年哈勃决定奔赴前线保家卫国。然而，他最终被说服留在后方继续他的科学研究，发挥个人的最大作用为国效力，并成为美国马里兰州一家研究中心弹道学研究的负责人。

二战后，哈勃转到加利福尼亚帕罗马山天文台工作，成为那里设计和制造海尔天文望远镜的权威。1948 年，一台外形长度为 5.08 米的海尔望远镜制成，其性能是胡克望远镜的 4 倍，在后来的 40 多年中，它一直都是世界上最大的天文望远镜。哈勃非常荣幸地成为使用这台仪器的第一人。当记者询问他最希望从中发现什么时，哈勃回答道："我们希望观察到从未想到过的东西。"

晚年的生活

哈勃在天文学研究方面取得的巨大成就使他获得了许多荣誉。1946 年，他被授予荣誉勋章；1948 年，他当选为牛津大学王后学院的荣誉院士。然而，哈勃终生最渴望能获得的诺贝尔奖，终因该奖未设天文学奖项而未能如愿。1953年他逝世的时候，诺贝尔评奖委员会正考虑授予他诺贝尔物理学奖，但已经为时太晚。

哈勃在成名后仍然保持着一颗平常心，同时在威尔森天文台和帕罗马山天文台夜以继日地工作。1953年9月28日，一场突如其来的脑溢血夺走了这位科学伟人宝贵的生命。哈勃对天文学的贡献是如此之大，他改变了我们对宇宙的认识，帮助我们了解到自己在宇宙中所处的位置。他提出的宇宙膨胀学说推动了创世大爆炸理论的形成，根据膨胀论的说法，宇宙大概诞生于100亿~200亿年前：一个小聚点的大爆炸发射出了巨大的能量，其碎片向四面八方散开，逐渐膨胀演变成了现在的宇宙。

作为一名才华横溢的太空观察者，哈勃极力避免向公众谈论新发现的理论的意义，因为这会显得非常艰涩难懂，而是选择通过探视镜或望远镜等仪器观察的现象列出有可能直观得到的结论。正如哈勃自己所说："人类具备5种感官，他们借此观察和研究身处的宇宙中的环境，这就是对自然科学的冒险。"

哈勃太空望远镜

爱德温·哈勃的伟大发现影响了无数人对宇宙的看法，大大增进了我们对太空的了解程度。人们为了纪念他，把现在常用的太空望远镜称作哈勃太空望远镜（HST）。通过它，我们能够观察到从来没有看到过的宇宙的面貌。众所周知，地球外圈包裹着一层厚厚的大气。当我们应用地球望远镜观察外太空的天体时，无论望远镜制造得多么精巧，由于大气对光波的阻隔作用，我们所看到的只能是扭曲的景象。而哈勃太空望远镜的不同点在于，它排除了大气的影响因素，其视野比先前的观察仪器更为清晰细微。

哈勃太空望远镜于1977年开始制造，1990年4月25日，太空飞船"发现号"搭载它飞上太空。这台精密的仪器不仅能观察到可见光线，还能敏锐地探测到紫外光线和红外线。此外，它拍摄的照片分辨率极高，其清晰度是地球望远镜的10倍以上。现代天文学发展之迅速，简直可以用"风驰电掣"来形容。如今，天文学家们借助优质的仪器设备，可以清楚地观察到许多遥远的天体，其清晰度在哈勃和与他同时代人的眼里根本是无法想象的。

沃纳·海森堡

沃纳·海森堡（1901～1976 年）应用数学工具解决了亚原子粒子在微观世界中自相矛盾的难题。他开辟了物理学科的新领域、创立了量子力学，并因此获得 1932 年的诺贝尔物理学奖。

1901 ～ 1976 年

海森堡在他 1963 年出版的《物理学和哲学》一书中写道："我们希望找到一种合适的方式来描述原子结构……但是，这不是普通的物理语言可以做到的。"这位伟大的德国物理学家和哲学家在这里揭示了一个令 20 世纪初的科学家普遍感到棘手的难题：即电子及其他亚原子微粒的运动方式非常特别，它们不同于一般可见的物理现象，其性质无法以常用的物理语言进行表述。这是因为，它们的物理行为有时具有粒子性，而有时却更接近于波动行为。为此，海森堡于 1926 年建立一门新学科——矩阵力学，并于 1927 年提出了著名的"测不准原理"。

1901 年 12 月 5 日，沃纳·海森堡出生于德国的维尔兹。父亲奥古斯特·海森堡博士是古希腊语言学家，母亲名叫安妮·薇克琳恩，家中还有一个哥哥。1910 年，全家迁至慕尼黑市，海森堡进入久负盛名的马克希米廉斯高级中学。他功课优异，德智体全面发展，毕业时他的数学、物理、宗教三门课程的分数是全校最高的。

1920 年，海森堡跨入了慕尼黑大学的校门，跟随享誉世界的物理学家阿诺德·索末菲学习物理课程。在这里，海森堡遇到同行沃尔夫冈·泡利，两人志同道合，成为一辈子的知交。1923 年，海森堡获得博士学位，并与泡利一起前往哥廷根大学深造，在量子理论家麦克斯·玻恩的指导下学习物理知识。

■ 玻尔的原子模型

1924 年秋天，海森堡来到哥本哈根大学，师从著名物理学家尼尔斯·玻尔参与对原子结构的研究。自从 1912 年以来，玻尔一直都是量子理论学术界的权威。量子理论是一门建立在亚原子微粒波粒二相性的基础上的物理学科，描述了微粒不同于宏观世界的物理性质。

由于玻尔的原子模型首次整合量子理论的内容，海森堡对此表现出了浓厚的研究兴趣。此前，卢瑟福曾提出过"太阳系"原子模型，指出电子同太阳系中行星的运动方式一样，以固定轨道环绕原子核运行。对于该模型中提出的电子环绕原子核运行的说法，玻尔表示赞同。但他又指出，原子模型和太阳系的不同之处在于，电子的能量是不连续的，它们以一定的能量值（或称量子）释放或吸收能量。这些量子能分别对应着特定的轨道，称为能级。他认为，一个电子在不同轨道之间跃迁时，所释放或吸收的能量分别对应不同轨道能级间的变化。从这个角度来看，氢原子的光谱线就可以找到合理的解释。当原子（包括氢原子）受激发获得能量（高温或通电）时会发出单色光，即某种电磁辐射的波谱（来自电子的振动），经过棱镜的分光作用得到辐射光中各个波长的强度和频率，由此便可以推出电子的吸收能或释放能。

"我们希望找到一种合适的方式来描述原子结构……但是，这不是普通的物理语言可以做到的。"

然而，玻尔的原子模型也存在着一定的缺陷，尽管它包含元素的基础量子理论学说，却顾此失彼，忽略了电子的波动性质。因此，玻尔的模型只能适用于单原子结构的氢元素。1925 年 4 月，海森堡决定在量子理论的基础上，进一步发展新的原子模型，以适用于所有元素的原子。他敏锐地感知到，由于电子同时兼具波动性和粒子性两种看似矛盾的特性，因此，试图设想出具体原子的物理模型，几乎注定是要失败的。于是他打算暂时忽略这两个特殊性质，将注意力集中到可以测量得到的结果上——先从光谱线中得到的吸收（释放）能量着手。海森堡确定研究方向后，尝试寻找一种代表电子和轨道的数学方法，并通过它来预测光谱线中显示的原子特性。

■ 开创矩阵力学

1925 年 7 月，海森堡的辛勤劳动终于有所回报。他建立起了解释量子理论的新数学框架。但由于这种方法太过抽象，连他自己都觉得不可思议，以至于无法确立其应用价值。新数学框架包含了许多数组，也称矩阵法（所谓矩阵，指的是一系列的数学方程式，其行和列按照一定规律与其他的矩阵相结合后，便可处理有关问题）。海森堡请麦克斯·玻恩评价他的新数学方法，玻恩仔细研读他的计算方法后，认为这是一个新的数学分支——矩阵代数法。在玻恩和另一位物理学家帕斯卡·约尔当的帮助下，他进一步对这个数学理论加以完善，并将其命名为矩阵力学。如今，越来越多的实验证据显示，矩阵力学可以用来解释多种原子的性质，包括含多个电子的元素的原子等，适用范围相当广泛。

矩阵力学诞生后，物理学家们震惊于它强大实用性的同时，却对这种数学方法在运用中的复杂性甚为头痛。此外，它还缺乏确定的物理意义，无法帮助科学家建立起准确到位的原子模型。1926 年初，奥地利物理学家埃尔文·薛定谔又在其基础上提出了波动力学。

该理论推翻了玻尔的量子解释，指出电子放出或吸收的量子能与其所处轨道无关，而是与原子核周围的"电子波"振动频率密切相关。这就像是钢琴的每个琴键都对应着特定的音阶，因此每列特定频率电子波也对应着某个特定的量子能值。不可否认，波动力学引入的数学概念相对矩阵力学而言要简单得多，其结果也更直观些。1926 年 5 月，薛定谔通过比较后指出，从数学角度来看，两种数学方法是完全等同的，但他个人认为波动力学更完美，也更容易被应用到科学实践中。事实上，正是这两个看似矛盾的学说共同构成了当代量子力学的基础。

1926 年 10 月，海森堡开始在哥本哈根大学任教。也就是在这个时期，薛定谔来到

→ 1958 年 9 月，在日内瓦召开了第二次联合国国际原子能会议。右二为沃纳·海森堡。

哥本哈根，与玻尔展开了一次关于量子理论的学术争论。两人各自坚持自己的观点，整个争论过程相当激烈，最终却不了了之。他们只是从中明确了各自理论的缺陷，却没有在量子学说上达成一致。海森堡也意识到矩阵力学并不足以描述电子的运动情况，他决心找到某种途径，为这些矩阵赋予一定的物理意义。

■ 测不准原理

与此同时，帕斯卡·约尔当和英国物理学家保罗·狄拉克一起，在矩阵力学和波动力学两种理论的基础上建立了一种新的方程式，并称之为"转换方程"。海森堡在研究狄拉克和约尔当提出的转换方程式（矩阵运算的基本规则，可把经典力学的变换全部改造成为矩阵的形式）时又注意到一个新问题：在任意时刻，如果要同时测定一个微粒所在的位置和速度（包括运动速率和运动方向），得到的结果往往是不准确或不确定的。海森堡首先排除了方程式本身错误的可能性，他唯一能想到的解释就是：这是由亚原子微粒与生俱来的性质确定的。兴奋之余，他提笔书写了一份长达14页的信件详细解释他的新理论，并于1927年2月寄给保罗。此后，海森堡进一步整理思路重新撰写成文后公之于世，并把这个新理论称作"测不准原理"。

测不准原理的基本思想是：在特定时刻，我们可以测得某个亚原子微粒的位置或速度，但这两个物理量却无法同时获得。究其原因，是因为测量微粒速度的方法会对粒子所处位置产生影响，致使其位置瞬间发生变化。测不准效应同时也存在于宏观世界，但由于它的影响微乎其微，所以我们忽略不计。比如，我们很容易就可以获得一辆汽车在任意时刻的位置和速度。然而，在亚原子的微观世界中，这个效应被放大了，测不准因子成为影响粒子行为的关键因素。

无论是采用更加精确的计算方法，还是制造更为精密的仪器，都无法彻底克服测不准因素的影响：这源于亚原子物质的波动性和粒子性二者之间存在的相互关联，由此导致的误差是无法避免的。当波动非常剧烈时，虽然可以

> 在特定时刻，我们可以测得某个亚原子微粒的位置或速度，但这两个物理量却无法同时获得。

精确地定位微粒，但是剧烈的波动也意味着波长变化极大，以致根本无法确定其波长的数值，即无法测定与之关联的粒子的运动速度。类似的，当波长处于一定值时，虽然可以得到粒子精确的速度值，却无法获知其所在位置。

事实上，某个未知的亚原子物质其实是粒子和波动的复合体。如果实验者选择其速度为研究对象，那么该物质就是一种波动；反之，假如选择位置为研究对象，那么也就默认了它的粒子性质。必须明确的一点是：在确定研究对象之前，该物质的速度和位置都是不确定的。简而言之，选择测量对象的过程，就意味着选择了物质的存在形式。

测不准原理的实际意义在于，在给定时刻人们无法获得电子所在的准确位置。唯一可以确定的，只是它在某处出现的几率。换句话说，在真正观察到电子之前，人们可以认为它并不确实存在，或者认为它存在于某个不确定的场所。

在海森堡撰写测不准原理的学术论文时，玻尔正好外出滑雪。在他回来后，海森堡第一时间递交了自己的论文，这位丹麦物理学家被文章中的思想深深震撼，他立即将复印件寄给了瑞士裔德国物理学家埃尔伯特·爱因斯坦，请他给出宝贵的意见。爱因斯坦并不赞成把理论建立在概率分布的基础上，因此对文中提及的"测量过程影响位置"理论抱有强烈的抵触情绪。在爱因斯坦看来，自然物质是独立于观察者存在的。虽然测不准原理遭到科学界权威人士的反对，但仍有不少科学家欢迎它的诞生。玻尔在测不准定律的基础上，于1928年提出了互补原理，该原理指出要对亚原子物质有一个全面的认识，必须同时接受它的波动性和粒子性。从此，测不准原理和互补原理一起，被人们共同称为量子力学的"哥本哈根解释"。

■ 最后的岁月

海森堡为了推广自己的理论，与玻尔和麦克斯·玻恩等"哥本哈根解释"的支持者一起周游各国讲学，向同行们介绍他们在量子力学领域的最新研究工作。到20世纪30年代初期，各地的物理学家已经普遍接受了这个新学说。然而，仍然有部分顽固的科学家坚持己见，拒不接受测不准原理，其中包括爱因斯坦、薛定谔和法国物理学家路易斯·德·德布罗意等人。为表彰海森堡在量子力学上的杰出贡献，瑞典皇家科学院于1932年授予他诺贝尔物理学奖。

1933 年 1 月，纳粹党人在德国攫取了政权。海森堡极其厌恶纳粹党的所作所为，但作为一名民族主义者，他认为必须坚定地留在国内帮助祖国维持科学水平。因此，整个第三帝国时期，海森堡一直都留在德国境内继续他的科研工作。30 年代，他还应用量子力学检测固态晶体研究其分子结构和核辐射的转向效应。

二战结束后，在海森堡等人的大力倡导下，欧洲原子核研究中心（CERN）于 1952 年在瑞士成立，他本人也加入到高能物理学的研究队伍中。20 世纪 60 年代，海森堡的大多数时间都用于著书和讲座。1976 年 2 月 1 日，海森堡溘然长逝，享年 75 岁。

海森堡和核裂变

1938 年，德国科学家奥托·哈恩、莉泽·迈特纳和奥托·弗里希等人共同发现了核裂变现象：铀原子核发生裂变的过程中，伴随着大量能量的释放。次年，第二次世界大战爆发，德国政府邀请海森堡和他的同行们应用铀裂变的原理研制核武器。不久以后，海森堡发表了声明，声称加入这个项目完全是出于自我保护（此前，他曾经受到过纳粹党人的威胁），并且宣称一旦证实原子弹的制造是完全可行的，他就立即退出该项目。原子弹研制成功后，海森堡等人就再也没有接触过核武器的研究项目。二战后，德国当局禁止核裂变的研究工作，而海森堡等人却在这时集体要求解除对核武器研究的禁令。他看到了核能源对于德国经济复苏的作用，积极促进和平利用核能。另一方面，他还极力反对德国装备核武器。1955 年，核裂变研究的禁令全面解除。

扫码获取更多资源

莱纳斯·鲍林

莱纳斯·鲍林（1901～1994年）是继拉瓦锡之后世界上最伟大的化学家，被尊称为"当代分子生物学之父"。他在化学键领域的杰出贡献（研究分子和晶体中原子的结合方式）奠定了分子结构学的基础。

1901 ～ 1994 年

在揭开生命体构成的化学之谜的漫漫历程中，莱纳斯·鲍林扮演了非常重要的角色。此外，他还是一名伟大的人道主义者，是争取世界和平与公民自由的和平战士。1954 年，鲍林由于在化学键方面的杰出贡献获得诺贝尔化学奖；1962 年，他又因为多年致力于和平事业获得了诺贝尔和平奖。在人类历史上，他是第一个独得两个领域诺贝尔大奖的伟人。

鲍林与其他大多数卓越的科学家的不同之处在于，他的成就并不局限于一两项重大发现。相反，他所涉足的科学领域极其广泛。从某种角度而言，20 世纪化学和生物化学学科交叉渗透的成功，很大程度上要归功于这位科学巨匠。

■ 涉足化学领域

莱纳斯·卡尔·鲍林于 1901 年 2 月 28 日出生于美国俄勒冈州的波特兰市。他的童年生活颠沛流离，贫穷和悲凄折磨着这户平民家庭。鲍林的父亲具有德国人的血统，是一名落魄的药剂师，小鲍林 9 岁那年，父亲就在贫病交加的困苦中离开了人世。鲍林的母亲独立养大了两个子女。由于家中经济收入微薄，鲍林不得不在 13 岁时就打工养家，挑起了家里的生活重担。

　　尽管家中条件艰苦，幼年时的鲍林却早已表现出了强烈的求知欲望，他从小便聪颖好学，如饥似渴地阅读书籍。据说，鲍林9岁时已读遍家中的藏书，于是父亲特地写信向俄勒冈州一家报纸的编辑求援，请求为他的儿子提供可读书籍的书目。鲍林很早就对科学产生了浓厚的兴趣，并立志要当一名化学家。他在当地结交了一个名叫劳埃德·杰夫莱斯的朋友，杰夫莱斯在卧室里设置了一个小实验室，两人常一起在那里摆弄瓶瓶罐罐。虽然在校成绩优异，但由于鲍林不满学校讲授美国历史的方式，拒绝参加期末考试，致使他一直没有取得高级中学的文凭。直至他赢得了两项诺贝尔大奖，学校才网开一面，将毕业文凭送到他的手中。

　　1917年中学毕业后，鲍林以优异的成绩考入俄勒冈州农学院的化学工程系，来到康瓦利斯城就读。由于母亲身体多病，家里收支入不敷出，鲍林不得不在读书的同时勤工俭学以补贴家用。他于1919年学完分析化学，此后一年他便受校方委托兼任这门课程的讲师，人们欣赏他的才华和孝心，亲昵地称他为"少年教授"。1922年，鲍林以优异的成绩从大学毕业，同时还考取了加利福尼亚理工学院的研究生。鲍林在繁重的学习之余，担任了学校的教师，并于1925年获得了化学博士学位。

↓图中照片摄于1962年4月28日。莱纳斯·鲍林举着大标志牌，带领游行队伍走在白宫前，宣称反对联合国恢复核试验的提议。牌子上写着：肯尼迪先生，我们没有试验的权利。

1923 年，鲍林在对家政学专业的学生讲授化学时，与一位年轻女生爱娃·海伦·米勒一见钟情。他深深地爱上了这位聪明的姑娘，同年两人便结成了连理。事实证明，他们是天造地设的一对，在后来的生活中，他们相互激励，提携共勉。爱娃热衷于女权主义运动，并在鲍林投身反对核武器的社会运动中扮演了非同寻常的角色。这对幸福的伉俪生活美满，共同生育了 3 个儿子 1 个女儿。

■ 原子和化学键

早在 1919 年，鲍林就对原子形成化学键的原理产生了强烈的研究兴趣，这是他日后成为化学家的主要动力。此时，著名科学家欧文·朗缪尔和吉尔伯特·路易斯已经在该领域有所成就。他们指出，原子之间由于共用电子对才得以紧密结合在一起。鲍林受此理论启发，在踏入加州理工学院后选择的第一个课题就是晶体结构，并期望能从中找出金属原子固有的排列方式。

鲍林在学生时代就听说过 X 射线衍射技术，1922 年，他应用该项技术测定了钼晶体的结构。当 X 射线照射到晶体上时，部分光线会因为撞击到原子被挡住，而部分光线则通过晶格间隙继续前进，实验结果会在晶体后的感光片上形成明暗交替的线条，由此就可以推得晶体中的原子排列方式。鲍林研究了大量晶体的结构，并于 1928 年发表他的实验成果，阐述了通过 X 射线衍射技术获知晶体物质可能结构的一系列规律。

■ 在欧洲学习

鲍林于 1925 年获得博士学位后，凭古根海姆奖学金到欧洲游学了 2 年。在那里，他所接触的都是世界第一流的科学家，这使他有机会直接面对科学的前沿问题。这些杰出人士中包括尼尔斯·玻尔、埃尔文·薛定谔和威廉·布拉格（英国物理学家）等人。其中的两位物理学家弗瑞茨·伦敦和沃尔特·海特勒应用量子力学理论成功解释了氢原子结构，鲍林对他们的工作尤其感兴趣。

归国后，鲍林举一反三，首次将新兴的量子力学理论与分子结构相结合，并把这种思维方式加以推广，广泛地研究了原子之间的各种结合力。

■ 化学键的性质

当时的科学研究成果表明，原子之间依赖离子键或共价键相互连接。鲍林认为，这种说法太过简单，决定对此作更深一层的探究。

1931年，鲍林第一次前往欧洲，到有关实验室学习电子衍射方面的技术（原理与X射线衍射相近）。回国后，他发表了一篇论述化学键的文章。这是鲍林已经发表的50多篇论文之一，此时他年仅30岁。为了表彰他突出的研究成果和出众的才华，美国政府为他颁发了首届朗缪尔奖，该奖项通常只有全美最有前途的年轻学者才有资格获得。

1939年，鲍林出版了在化学史上有划时代意义的《化学键的本质》。书中概括了鲍林几年来的工作成果。此书影响甚远，成为随后数十年美国化学专业学生的必修教材，而且还被翻译成法语、日语、德语等多国语言，堪称20世纪最有影响力的化学专业书籍。书中，鲍林还将量子力学机理引入到化学键的解释中，详细阐述了化合物的形成机理。

化学键

在共价键中，2个原子往往共用几个电子。因此，氢原子在形成氢气（H_2）的过程中，每个原子都提供了自身的一个电子，也就是2个氢原子共用了一对电子。该理论是由物理学家欧文·朗缪尔和吉尔伯特·路易斯在1916年提出的。

在离子键中，其中一个原子会供应一个或多个电子给另一个原子。这在盐类物质中最为常见，例如氯化钠，钠将"闲置"的电子供应给了氯原子。由于电子并非是共用的，钠和氯并未形成一个分子。但是钠原子失去了一个电子，就带上了正电荷，而氯原子由于得到了一个电子，所带电荷为负。结果正一价的钠离子和负一价的氯原子相互结合，构成了氯化钠晶体。鲍林揭示了这个机理，指出离子键的形成是由于电子电荷的作用，正负离子互相吸引，形成了晶体。

鲍林应用X射线和电子衍射技术，参考由此产生的磁效应测量出化学反应中产生的热能，并计算出一批化合物的键角和键长等化学键参数。

鲍林提出，化学键有混合特征，除了"共价"和"离子"两种极端的化学键外，他还建立了介于两者之间的"杂化"概念。

为了表述原子之间的吸引能力，他还引入了"电负性"概念，并用实验测定了元素电负性的数值，制定了一张电负性数值表。电负性标度有助于人们预见各种化合物的共价性和离子性，以及极化程度等。

除此之外，鲍林还解释了碳键的形成。他首次提出杂化轨道的理论，指出碳原子中 2 个能级相近的电子层在成键时，由于杂化会形成 4 个等同的空轨道，从而与多种元素以不同方式化合形成无数自然界有机物。杂化概念比较圆满地解决了不同碳键之间能量相近的问题。

■ 生命大厦的建成

鲍林对碳原子的研究开辟了通往有机化学王国的道路。有机化合物是基于碳原子形成的化学物质，是地球上一切生命体存在的物质基础。英国物理学家阿尔弗雷德 · 阿斯伯利拍摄的有机物的 X 射线照片，引起了鲍林的注意。20 世纪 30 年代，他开始转向探索复杂有机分子的结构，在此之前他从未涉足过这个领域的研究。

虽然仅仅采用 X 射线衍射技术并不足以判断复杂有机分子的结构，但至少可以获知分子的大致形状。鲍林和他的助手们参照物质的 X 射线图像建立各种模型，尝试从中找到符合预测形状的分子结构。他们有时在纸上涂画平面图形，但更多的情况下，他们需要借助三维模型来完成复杂的建模实验。

生物化学家面临的最大难题就是蛋白质的本质，在漫漫探索之路中，鲍林所做的贡献是其中关键的一环。

他们的辛勤劳动终于换来了丰硕的成果。鲍林发现人体内的血红蛋白（携带氧气的蛋白质）在吸附氧气后会改变形态。他首次阐明了抗体和酶产生作用的机理。他还将物理化学的外延扩大化，指出它在分子水平时可以用来解决生物学和医学方面的许多问题。

■ 构成生命的化学键

氢键是一类特殊的化学键，常由氢原子和附近带负电的原子构成。鲍林并未注意到氢原子附近原子表现出的奇怪性质，但他却运用量子力学解释了氢键形成的机理，并通过实验计算出了键能。由此人们开始认识到，地球上各种各样生命体的形成都建立在这些微弱的氢键上，许多久攻不克的生物化学难题也就迎刃而解了。

■ 再接再厉

第二次世界大战前夕，鲍林和阿尔弗雷德·米尔斯基已经在蛋白质结构项目上花费了不少精力和时间，却因为战争爆发被迫告一段落。同一时期，在英国剑桥大学的卡文迪什实验室里，威廉·劳伦斯·布拉格也在开展相同的课题研究。按常理来看，似乎应该由布拉格力拔头筹，但当他于1950年发表论文时，却被发现仍然存在不少漏洞。鲍林虽然慢了一步，却找到了正确的答案，并于次年发表了自己的研究成果。他在文中指出：蛋白质分子是一条扭曲成螺旋形结构的多肽长链（现称为 α－螺旋），螺旋是靠链内氢键维持的。他还解释了 β－折叠，并指出该结构是由伸展的多肽链叠片之间的氢键维持的。1951年5月，鲍林的研究小组公布了7种纤维蛋白的结构，这对于生物化学领域来说，不啻惊天动地的大新闻。7种纤维蛋白包括了头发、丝绸和肌肉等有机物中的蛋白质。

■ 功败垂成的结局

在生物化学领域中，DNA分子堪称是最庞大、最复杂、同时也是最重要的物质，在此基础上才有了所有染色体的形成。在DNA分子上，存在着所有生命体的编码信息。显然，对于鲍林和布拉格来说，完成蛋白质结构的研究后的下一个目标就是处理DNA难题，但最终两人却都一无所获。克里克和沃森的研究小组代替他们达成了心愿，解开了DNA结构之谜。

■ 和平主义者和社会活动家

第二次世界大战时期，鲍林和其他许多著名科学家都被邀请加入曼哈顿计划，共同致力于发展原子武器。这项计划的主要负责人罗伯特·奥本海默曾是鲍林的亲密好友。然而，奥本海默居心不良劝说鲍林的妻子爱娃跟他一起到墨西哥"幽会"，鲍林得知后几乎再也没有和这位曾经的"好友"说过话。但是，鲍林拒绝参加计划的原因并不仅是出于这个私人问题。作为一名和平主义者，他在战后坚决反对把科技成果用于核战争。他为和平事业所作的长期努力遭到了美国保守势力的严酷打击。1952年，美国政府曾对他进行过严格的审查，限制他出国讲学，并扣压了他的护照，干涉他的人身自由。这件事给鲍林造成的损失极其巨大。他原计划前往英国拜访罗萨琳·富兰克林，观看她拍下的 DNA 的 X 射线衍射照片，却最终因此无法成行。要知道，如果没有出国禁令，鲍林很可能会在沃森和克里克之前发现 DNA 的双螺旋结构，而不是错误地预测成三螺旋结构。1954 年，鲍林由于要到斯德哥尔摩领取诺贝尔化学奖，美国政府才被迫取消了对他的出国禁令。

鲍林终生为推动和平事业不遗余力，呼吁全世界反对在地球上进行任何核试验，并建议控制核武器的研制和使用。在短短几个月内，鲍林起草的《科学家反对核试验宣言》就获得了广泛的响应，有 49 个国家的11 000 余名科学家联合签名。1958 年，鲍林携其妻子向联合国递交了这份反对核试验宣言，呼吁科学家共同反对发展毁灭性武器，反对战争，保卫和平。迫于强大的公众压力，美、苏、英三国签署了《部分禁止核试验条约》，全称为《禁止在大气层、外层空间和水下进行核武器试验条约》。

条约签订当天，鲍林就被授予了诺贝尔和平奖。然而他的父老乡亲却对这项至高荣誉视若无睹，加州理工学院的大部分人都不满他的行为，几乎没有人对他表示祝贺，只有学校的生物化学系为他举行了一场小型的庆祝会。参议院国内和平小组委员会形容他是"美国科学界中头号共产主义和平渗透分子"，《生活》杂志甚至评论这个荣誉"对美国来说是非常严重的侮辱"。

到了晚年，鲍林把注意力转移到了医药业上，提出用维生素 C 抗癌的建议，并做了大量研究工作。他大幅度地提高了维生素 C 的产量，为医药事业做出了巨大贡献。不幸的是，鲍林自己却抵不过癌症病魔的袭击，罹患前列腺癌，于 1994 年 8 月 19 日在大瑟尔（北加州的海岸风景区）附近的农场逝世，享年 93 岁。

氢键

当氢原子的电子受强电负性的原子吸引形成化学键时，氢原子上的电子极度偏向另一方。此时氢原子轨道中不含电子，而由于质子的存在，氢原子键的另一侧就带上了正电荷，吸引附近的负电子。氢键的强度很弱，几乎是共价键强度的1/10。

在水中，氢键存在于一个水分子的氢原子和相邻水分子的氧原子之间，直接导致了水具有"黏性"。由于氢键的作用，冰块才具有固定的晶体结构。在室温下，当其他小分子化合物呈气态时，水却由于氢键，得以保持液体状态。

量子力学主张电子同时具备波动性质和粒子性质，鲍林借鉴了这个理论，将它应用到了氢键的性质中。他指出，水分子之间的作用力不仅包括电子引力，还包括氢键波动性质衍生的部分共价键作用。也就是说，氢键兼具共价键的部分性质。1999年，一位物理学家的实验证实了他的说法。

DNA 小组

世界上最著名的分子结构当数DNA分子，其特殊的双螺旋结构把生物学与化学紧密地结合起来。历史上发现DNA双螺旋结构的科学家有3位：弗朗西斯·克里克、詹姆斯·沃森，以及一位颇具争议的女科学家——罗萨琳·富兰克林。

罗萨琳·富兰克林
1920 ~ 1958 年

DNA双螺旋结构的发现是20世纪最为重大的科学发现之一，为遗传学等学科的研究奠定基础，打开了一扇通往新科学领域的大门。解决DNA分子结构是揭开遗传之谜的关键，人类从此懂得了世间万物从父母祖先身上获得可遗传性状的原因，并发展了新的药物疗法——即引发不少争议的基因工程，治疗遗传疾病的基因克隆和筛选法，以及DNA指纹鉴定技术等新兴学科。

■ 拉开研究帷幕

对遗传机理的探索工作需追溯到19世纪50年代，遗传学之父格雷戈尔·孟德尔经过多年的豌豆实验，发现了豌豆植株代间遗传性状时特有的方式。19世纪末，科学家已经观察到细胞中的染色体和DNA分子。但直到1944年，才有一位名叫奥斯瓦德·艾弗里的科学家认识到，DNA分子携带着控制遗传的重要信息。

20世纪40年代，莱纳斯·鲍林、威廉·布拉格和其他科学家在蛋白质结构方面做了大量探索，为DNA分子结构的研究奠定了坚实的理论和实验基础。鲍林发现，生物分子的结构往往决定它们的化学行为。要了解DNA分子在动植物遗传过程中的重要作用，首先就必须掌握它们的分子结构，众多科学家因此纷纷投身到这个新兴领域。

■ 展开激烈竞争

当时，主要有3个课题组几乎同时在研究DNA分子模型。在美国的加州理工学院，鲍林建立了一个训练有素、资金充裕的研究小组，而在英国，有2个实验室分别以不同的研究方法进行探索。其中一个是伦敦国王学院的实验室。罗萨琳·富兰克林和莫里斯·威尔金斯拍摄DNA分子的X射线衍射照片，根据得到的衍射图像可以推测分子大致的结构和形状。另一个则是剑桥大学的卡文迪什实验室，弗朗西斯·克里克和詹姆斯·沃森参考其他大分子物质的大致结构和亚单元结构，再根据已知的DNA化学成分拼凑出DNA分子各种可能的模型。事实上，只有将两者的研究成果融合才能揭示出DNA分子的真正面貌。

■ 詹姆斯·沃森

詹姆斯·沃森于1928年4月6日出生于芝加哥。他从小就对新鲜事物充满了好奇，对任何问题都不满足于一个简单的答案，喜欢追根寻底。沃森幼年时，曾和父亲一起到野外观察鸟类的外形和生活习性，耳濡目染之下便立志长大后当一名鸟类学者。由于天资聪颖，年仅15岁的他就跨入了芝加哥大学的校门，攻读动物学专业。

随后，沃森来到印第安纳大学攻读博士学位。在那里，他的专业方向开始转向遗传学的领域。博士毕业后，他于1950年来到哥本哈根大学研究病毒DNA的活性。在实验过程中，他得知X射线晶体衍射图像对揭示复杂分子结构大有帮助，便对这项分析技术产生了极大兴趣。不久后，伦敦的实验室拍摄到了一张非常清晰的DNA的X射线晶体衍射图。消息传到沃森耳中后，他为了掌握更多的一手信息，立即暂停手头的所有工作，赶往伦敦去看这张照片。

■ 观察衍射照片

X射线晶体衍射技术始于1912年，是由英国的威廉·布拉格和劳伦斯·布拉格父子俩共同开发建立的结构分析技术。布拉格父子发现，当X

射线穿过晶体之后会形成衍射图样——一种特定的明暗交替的图形。部分X 射线在撞击到晶体原子时折回，其余的则能畅通无阻地穿过晶体空隙。不同的晶体产生不同的衍射图样。因此，在 X 射线波长已知的条件下，只要仔细分析这种图形，就能知道组成晶体的原子的排列顺序。

↑ DNA 分子结构的发现。图为詹姆斯·沃森（左）和弗朗西斯·克里克（右）在分析 DNA 分子结构模型的一部分，摄于 1953 年。

利用 X 射线晶体衍射图像来揭示晶体和物质分子的结构特征，是一条非常有用的结构测定途径。大化学家莱纳斯·鲍林首次将该技术应用到生物分子的检测上。

沃森在剑桥大学实验室的同事名叫弗朗西斯·哈里·康普顿·克里克，他很晚才涉足生物学领域的研究。克里克于 1916 年 6 月 8 日出生于英国北部，他有着与生俱来的旺盛好奇心和对自然科学的强烈的求知欲。他博览群书，几乎阅读了身边所有的科学书籍，还在家中厨房里开展自己的小实验。中学毕业后，克里克到伦敦大学物理系就读，毕业后进一步留校深造。然而，1939 年爆发的第二次世界大战中断了他的学业，他不得不进入海军部门研究鱼雷。待战争结束，克里克仍然一事无成，他开始寻找更适合自己的领域。34 岁时，他考入剑桥大学物理系攻读硕士学位。克里克先是在斯坦基威斯实验室待了一阵，接着就来到著名的卡文迪什实验室研究蛋白质。随后，沃森也来到这里，两人一见如故，成了非常好的朋友。他们在同一个办公室里工作，虽然两人的研

沃森："在我看到DNA分子的 X 射线衍射照片的刹那，我几乎合不拢嘴，我的心脏无比剧烈地跳动起来。"

究方向大相径庭，但对于 DNA 的共同兴趣将他们紧密地结合在一起，二人取长补短，对 DNA 分子结构展开了深入的研究。

威尔金斯与富兰克林

沃森和克里克的合作关系比另一对组合要好得多。莫里斯·休·雷德里克·威尔金斯于 1916 年出生于新西兰的蓬加罗，6 岁时随家人搬到英国定居。中学毕业后在剑桥大学学习物理。第二次世界大战期间，威尔金斯曾参与美国曼哈顿计划的一部分研究工作。战争结束后，威尔金斯回到英国，在苏格兰东部法夫的圣安德鲁大学任物理讲师。不久，他来到伦敦国王学院参与生物分子学的科研工作，其中包括 DNA 和病毒的课题研究。

罗萨琳·埃尔希·富兰克林于 1920 年 7 月 25 日出生于英国伦敦。她天资聪敏，勤学好问。在当时，女性普遍受到科学界的歧视。由于家庭条件优越，富兰克林有幸成为为数不多的接受物理和化学知识教育的女生之一。她少年时就立志要当科学家，但父亲并不支持她这样做。尽管如此，富兰克林仍然不顾长辈的劝阻，继续保持高昂的学习劲头，并于 1938 年进入剑桥大学攻读化学专业。毕业后，她留在学校研究煤的物理结构，却在一年后不了了之。1947 年，富兰克林前往巴黎学习 X 射线晶体衍射技术，并于 1951 年回到英国，在伦敦大学国王学院威尔金斯的实验室里谋得了一个职位。非常可惜的是，富兰克林上任时恰逢威尔金斯外出办事，以至于威尔金斯回来后两人最初的相处就非常不愉快。他把她当作供自己任意使唤的一个实验助手，而不是共同研究实验课题的得力同事。两个人的关系因此很僵。

工作方法的局限

富兰克林的 X 射线照片拍摄技术非常高超，在当时几乎没有人能够超越她。一名瑞士科学家从牛的胸腺中提取得到了全世界最适合进行 DNA 分子结构研究的实验样品后，把大部分样品交给了威尔金斯。实验室主任约翰·兰德尔又通过非正式的途径把它交给富兰克林供她研究所用。因此与其他同课题的研究员相比，富兰克林的实验条件堪称得天独厚。

虽然人们借助 X 射线晶体衍射技术可以推导出分子的大致形状，但却无法对每一个分子内的原子都精确定位。克里克和沃森尝试建立起

DNA 分子的物理结构模型，最初他们选择了卡纸板，把它们剪成所需的图案再进行构建。随后，他们又选用了金属盘、螺丝钉、金属杆和彩球等道具用来代表原子基团和连接它们的化学键。他们决定根据自己对 DNA 化学元素的了解构建起可能的原子构架，最终从中选出符合 X 射线衍射照片的模型。

与此同时，鲍林在美国也已经做了大量的工作。但由于他对 X 射线衍射知识的严重匮乏，即使他对化学键的熟谙程度无人能及，这项得天独厚的优势仍然没有能够令他独占鳌头。

在这个时候，鲍林已经发现 DNA 分子应该呈某种螺旋结构，他甚至还揭示了蛋白质中的 α－螺旋结构，早期的 X 射线衍射图案便有力证明了该结构存在。然而，富兰克林却没有意识到"螺旋"在揭开 DNA 分子结构之谜中的关键作用，她对螺旋结构嗤之以鼻，坚持按照自己的实验和测量方法艰难地跋涉在探索道路上。

■ 曲折的过程

沃森初识富兰克林是在 1951 年伦敦的一次学术会议上，她在会上展示了一部分 DNA 分子的 X 射线衍射照片，并且描述了 DNA 分子的基本构架（包括它的形状和尺寸等）。但是沃森却没有完全理解富兰克林提供的资料，还错误地记录了她的研究成果。回到实验室后，沃森和克里克参考着不实的会议记录而误把 DNA 分子模型构建成 3 股螺旋结构。这是一个非常严重的错误，以至于他们在展示模型时遭到富兰克林严厉的抨击。如果他们的化学功底再深厚一些，就不会犯如此低级的错误了。克里克和沃森认识到自己化学知识的匮乏，邀请富兰克林加入他们的研究小组，但却被她婉言谢绝。卡文迪什实验室的主任对研究员的失误羞愧难当，怒气冲冲勒令他们立即停止对 DNA 结构的研究工作，并劝说他们把这个难题留给伦敦富兰克林的实验室。沃森和克里克很不情愿，表面上答应，暗地里仍然继续自己的研究。

富兰克林不愿和威尔金斯合作，孤身一人投入到 DNA 分子结构的课题。她依据湿度的不同，建立起两种 DNA 分子模型。由于她对干燥情况下的 DNA 结构更感兴趣，便把最完美的湿度较高的 51 号照片置之不理。

由于富兰克林独自承担了所有繁重的工作，例如分析 X 射线衍射照片进行数学计算等，致使其研究进度极其缓慢。

此时，美国的莱纳斯·鲍林由于被限制了出国的自由，无法从富兰克林的照片中获得启示，于 1953 年 1 月提出了 DNA 三股螺旋的结构模型。他立即写信通知在卡文迪什实验室工作的儿子，随信还附上了分子结构的图纸。沃森和克里克刚听到这个消息时还以为被别人捷足先登而沮丧不已，等见到鲍林的图纸后，他们立即认识到他犯下的错误和自己以前的几乎如出一辙。

■ 重大突破

不久后，富兰克林前往伯克贝克大学研究病毒。在离开国王学院之前她召开了一次研究讨论会，再度申明 DNA 分子绝不可能是螺旋结构。几天后，沃森带着鲍林的图纸特地登门拜访，此举却大大激怒了富兰克林，她非常激烈地批评了他们的工作。沃森担心她过激的反应，便赶紧告辞回家。当垂头丧气的沃森在返回途中偶遇威尔金斯时，这位与富兰克林长期不和的科学家在未征得她的同意之下，向沃森出示了富兰克林拍摄的最清晰完美的一张照片，据说那很可能就是第 51 号 X 射线的衍射照片。很显然，从这张衍射图像来看 DNA 分子应该是双螺旋结构。"在我看到 DNA 分子的 X 射线衍射照片的刹那，我几乎合不拢嘴，我的心脏无比剧烈地跳动起来"，事后沃森在回忆起当初醍醐灌顶般的一刻时，仍然记忆犹新。在返回剑桥大学的火车上，他在一份报纸的空白页边上画下草图，仅仅 1 个月后，沃森和克里克就完成了他们最终的 DNA 分子模型。

■ 著名的双螺旋结构

沃森和克里克最后确立的模型，是一个由两股多核苷酸链相互缠绕而成的双螺旋结构。两条链之间的距离处处相同，中心是与螺旋方向垂直的核苷酸碱基对，看起来就像是梯子中的横档。碱基的配对方式遵循一定的规则：腺嘌呤和胸腺嘧啶配对，而鸟嘌呤则和胞嘧啶成对。

研究 DNA 的结构就是为了了解它是如何运作的。这两条多核苷酸链是细胞再生的模板。比如，如果其中一条链上出现腺嘌呤，另一条链上则必定会有胸腺嘧啶与之相对应。细胞分裂再生后，DNA 结构会被复制到每一个新生细胞中。

■ 伟人后话

克里克于 1953 年获得了剑桥大学的博士学位，接着他和沃森一起继续从事 DNA 作用机理的课题研究，直至 1966 年他转行至胚胎学为止。出于对大脑工作机理的强烈好奇，他开始对感觉器官和神经网络的机理产生兴趣。晚年的克里克支持一些传统的非主流观念。例如，他认为地球上的生命体源于外太空，是智能生物利用无人火箭把生命带到了地球。而关于基因，他认为可以用来完善人种的各类缺陷。2004 年 7 月 28 日，弗朗西斯·克里克因患结肠癌去世，享年 88 岁。

沃森则一如既往地在遗传学领域辛勤耕耘，并任教于美国哈佛大学和加州理工学院。1990 年，人类基因组计划启动，他成了这项浩瀚工程的主要负责人。

威尔金斯依然在伦敦执教，不久后他加入了反对核武器的运动中。2004 年 10 月 5 日，威尔金森溘然长逝。

虽然富兰克林并未在揭开 DNA 结构之谜中获得任何褒奖，出于无私的科学精神，她对 DNA 分子结构的发现表示了由衷的喜悦之情。来到伯克贝克大学后，她一直从事关于病毒的研究课题。遗憾的是，由于罹患卵巢癌，她于 1958 年 4 月 16 日过早离开了人世，年仅 38 岁。

↓著名的 DNA 分子双螺旋结构

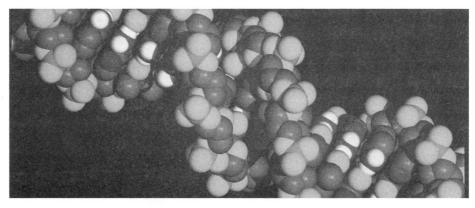

斯蒂芬·霍金

英国宇宙学家斯蒂芬·霍金（1942～2018年）是当今在世的科学家中的佼佼者，他对太空中黑洞的研究以及对宇宙大爆炸理论的精辟阐述深刻影响了人类对宇宙的认识。

1942 ～ 2018 年

■ 缺席一人的诺贝尔奖

沃森和克里克提出的 DNA 分子双螺旋结构立即被科学界广为接受，他们由于杰出的贡献被授予诺贝尔奖。但罗萨琳·富兰克林却因过早去世而与诺贝尔奖失之交臂，原本属于她的奖项因此落到莫里斯·威尔金斯手中，他和弗朗西斯·克里克与詹姆斯·沃森一起，获得了 1962 年度的诺贝尔医学和生理学奖。

大约 1 个世纪以前，天文学家普遍认为所谓的宇宙只是比我们所处的银河星系略微大一些而已，并认为宇宙的存在自古以来就非常稳定，没有发生过任何变化。但在 20 世纪的后几十年里，这些观点遭到了前所未有的挑战。

第一波冲击是由太空望远镜的发明带来的。通过它，人们认识到在银河系外还存在着无数多的类似星系，宇宙比原来想象的要大得多。到了 20 世纪 20 年代，伟大的美国天文学家爱德温·哈勃伯爵发现所有星系都在远离我们，换句话说，宇宙并不是像我们预料中那样永亘不变，而是正以某种可感知的速度不断膨胀。

与此同时，在 19 世纪牛顿物理学的基础上，两大经典基础理论——普朗克的量子力学和爱因斯坦的相对论应运而生。这些新兴观念的提出不仅对全世界的科学领域产生了极大的冲击，而且还使不少科学家看到了其中蕴含着的无穷内涵。例如，在哈勃观察到宇宙膨胀现象的 10 年前（即1917 年），俄国天文学家亚历山大·弗里德曼就已经从爱因斯坦的相对论中推导出宇宙膨胀论。坚持经典宇宙不变论的爱因斯坦坚决批驳了这个观点，但随后哈勃却证实了弗里德曼的理论，这令爱因斯坦本人震惊不已。

科学家们应用相对论学说，得出爱因斯坦自己都不敢相信的新理论，并最终被证实，这对爱因斯坦而言已经不是第一次了。之前，德国天文学家卡尔·施瓦兹希尔在研究爱因斯坦的相对论时，推导出恒星会因为自身引力自我收缩而崩塌。施瓦兹希尔在结论中说，当恒星收缩后，引力将变得越来越大，世间万物都会被吸收进去，连光也不能幸免，他称之为宇宙中的"黑洞"现象。不久以后，科学家发现该黑洞浓缩在一个微小的点——"奇点"中，在那里时间和所有的力都合为一体。恒星在收缩成黑洞之前需要达到的大小称为"施瓦兹希尔半径"，对于像太阳大小的恒星来说，其施瓦兹希尔半径大概是 3 000 米。

在 20 世纪后半叶，科学家们开始集中计算宇宙膨胀的速度并逐渐认识到，浩瀚无比的宇宙在很久以前是非常微小的，这就是宇宙大爆炸理论的由来。坚持大爆炸理论的宇宙学家们指出宇宙原本集中在一个极小的浓缩点中，大约在 130 亿年以前，这个小点在某一时刻突然发生了大爆炸。碎片四处飞散到空间中，随着时间流逝逐渐形成了现在的宇宙。美中不足的是，由于缺少一定的实测证据，这个理论仍然有待完善。

关于黑洞理论，仍然存在不少争议。毕竟，人类无法通过亲眼所见来证明它的存在。苏联的一些科学家对黑洞的存在性提出质疑，他们认为黑洞的形成必须建立在恒星完全对称收缩的基础上，而要做到这一点几乎是不可能的。

值得思考的是，虽然爱因斯坦的相对论在黑洞理论和宇宙大爆炸学说中占有很重要的地位，另一个重大新兴学科——量子力学却似乎始终置身事外，与宇宙学的研究全无关联。在科学家眼里与量子力学有关的都是微小的亚原子物质，庞大的宇宙系统似乎和它理应是毫不相干的。

然而，斯蒂芬·霍金却凭借超人的智慧将相对论和量子力学融会贯通，将两者共同应用到对黑洞理论和创世大爆炸学说的解释中，为人类描绘了一个宇宙中能量相互作用的宏伟过程。

　　刚从大学毕业时，年轻的霍金便意识到宇宙大爆炸的成因可能恰好与黑洞形成的机理相反，宇宙大爆炸起源于一个微小的奇点。这为科学家探索宇宙起源的状态提供了一个非常合适的数学模型。霍金在 20 世纪 70 年代提出，量子效应或许可以应用到"事件穹界"位置。他指出，假如该方法可行，就可以利用其计算得出黑洞将发出微弱的光芒，由此人类便有机会探测到这个微弱信号，从而就能证实黑洞的存在。这种黑洞辐射现被称为"霍金辐射"。

↓ 史蒂芬·霍金是享有国际盛誉的伟人之一，当代最重要的广义相对论和宇宙论家，被誉为继爱因斯坦之后世界上最著名的科学思想家和最杰出的理论物理学家。他因患肌肉萎缩性脊髓侧索硬化症，禁锢在一张轮椅 50 多年，他的魅力不仅在于他是一个充满传奇色彩的物理天才，还因为他是一个令人折服的生活强者。

更令人瞩目的是，霍金把量子力学引入到黑洞理论中，并决心将这种思维方式推广到对宇宙学领域的研究中，以此来开辟宇宙物理理论大融合的道路，这便是当时霍金和他的同事们共同致力于开发的研究道路。

■ 不幸患病

斯蒂芬·霍金之所以能够享誉世界，除了所提出的惊世绝伦的宇宙理论外，还有所患的奇怪重病，这场疾病夺去了他自由行动的能力，使他全身瘫痪。他能够用来表达思想的唯一工具是一台电脑声音合成器。这种疾病名为"肌肉萎缩性脊髓侧索硬化症"（运动神经元疾病，简称 ALS），一旦患病，人体脊髓的神经细胞会逐渐遭到破坏，致使患者无法自如行动。当被诊断为这种恶性疾病时，霍金年仅 22 岁，还是风华正茂的年龄，却被医生告知留在世上的时日无多。病魔不断折磨他的躯体，霍金坚持与疾病做着不懈的抗争，凭借着惊人的意志顽强地活了下来，而他的大脑仍然灵活如初。

霍金于 1942 年 1 月 8 日出生在英国的牛津，父母为了躲避伦敦的空袭，暂时居住于此。霍金的出生日期恰好是伽利略逝世 300 周年纪念日，与牛顿诞辰 300 周年纪念日也非常接近。霍金 8 岁那年，全家搬到了伦敦城外的圣奥尔本。他自小就沉默寡言，是个内向的孩子。他的卓越才华在早期并没有显露出来，但霍金的一个朋友至今仍能回忆起他是如何由"一颗闪亮的科学界新星"变为"一代科学巨匠，或者说是追寻宇宙本源的智者"。

17 岁那年，霍金获得自然科学的奖学金，顺利入读牛津大学。3 年后，霍金从大学毕业并获得了学校一等奖学金，随后被剑桥大学录取，打算跟随著名的弗雷德·霍伊尔学习宇宙学。不幸的是，霍伊尔由于太忙根本抽不出时间来和他交流。霍金的自尊心因此遭到了极大打击。到达剑桥大学几个月后，他感觉到身体常常不受自己控制，行动越来越笨拙，就医后被诊断为肌肉萎缩性脊髓侧索硬化症。这对原本对未来充满憧憬的霍金而言，无疑是个晴天霹雳。

■ 钻研黑洞理论

接着，霍金开始钻研牛津数学家罗杰·彭罗斯提出的黑洞理论。彭罗斯指出，在黑洞的正中心（即事件穹界内部），必定存在着某个点，所有物质都被吸收在内，该点名为"奇点"。霍金把考虑的角度转移到了宇宙的起源上，并指出宇宙大爆炸理论正好与黑洞的形成相反，宇宙起源于一个无限小的凝聚点，里面包含着宇宙中的一切物质。

霍金从研究黑洞出发，探索宇宙的起源和归宿，解答了人类有史以来一直探索的问题。全球的宇宙学研究领域都为之震惊不已，各界科学人士纷纷向他表示了高度的赞扬和尊敬。不幸的是，霍金的健康却每况愈下。他演讲时的发音开始变得模糊不清，他的手部肌肉逐渐萎缩，以致几乎无法书写。此时他的妻子简·王尔德勇敢地面对眼前的困境，她鼓励自己的丈夫振作精神。她记录下霍金口述的内容，并将他难以辨认的文稿打印成清晰的文本。1974 年，霍金被选为英国皇家学会会员，成为学会历史上最年轻的成员。此时，他只能依赖轮椅行走，发音也含混不清，只有身边的亲朋好友和多年的同事才能辨听清楚。

然而，尽管他的身体状况一天不如一天，但他的头脑仍然很清晰。在20 世纪 70 年代后期，他建立了堪称一生中最伟大的成就——证明了黑洞不仅能够被探测到，而且它们最终很可能将发生大爆炸。由于这个观点对当时来说显得太过超前，最初提出时并没有得到所有人的认同，直至现在仍有不少宇宙学家持反对意见。

■ 一部时间简史

20 世纪 80 年代早期，霍金开始口述一部关于宇宙学的著名著作，一部分原因是为了给自己的儿女们交学费。他于 1985 年完成书稿，并来到日内瓦观看欧洲原子核研究中心（CERN）的微粒加速器，妻子简则在著作完成后外出度假休息了一阵。在这段时期内，一名护士和实验助手伴随在霍金身边，照顾他的饮食起居。几天后，霍金突然呼吸困难，被救护车送到附近的医院进行急救。经诊断，由于急性肺炎发作，他的气管被堵塞了。唯一能挽救他生命的办法就是施行气管造口手术，这意味着他将再也不能用口说话。他夫人简在外地听闻噩耗，立即赶回到丈夫病榻前。

出院后，霍金一家回到剑桥大学，这个时候，他已经只能通过眨眼来跟外界交流了。霍金身陷困境的消息传遍了全世界，一位加利福尼亚的计算机编程专家瓦特·沃尔托兹自告奋勇亲自为他设计制造了一台只需手指颤动就能控制的声音合成仪器。不过，这台仪器需要多次训练才能熟练掌握，但最终，霍金克服了所有困难，完全掌握了声音合成器的使用，现在他独特的机器合成语音已经为广大听众所熟悉。

霍金的著作《时间简史》（全名为《时间简史：从大爆炸到黑洞》）于 1987 年 4 月 1 日愚人节正式出版。书本涉及的理论内容艰涩难懂，但它的出版却出人意料地取得了巨大的成功，并一跃成为人类历史上销量最大的科学书籍。能够真正理解它的含义的人很少，或许人们更多的是对这位出奇聪明的大科学家是否能够揭示关于宇宙的终极真理产生了浓厚的兴趣。霍金认为，很有必要让人们对自己的思想有所了解。因此，在全书的最后一章，他论述了自己关于神的一些思考。

■ 霍金的理论

霍金已经成了举世闻名的大科学家，他依然在思索如何将所有物理规律整合浓缩到一个简单的方程式中，他还和护士伊莱恩一起周游世界，并以公认的科学大家的身份接受电视台的采访。一部关于他的电视剧《决战时空战区》也随之上映。这时候，他和妻子简之间的婚姻矛盾开始升级。1990 年，他们的婚姻破裂，霍金离婚后与护士伊莱恩再度结婚。

整个 20 世纪 90 年代，霍金一直致力于"万有理论"的研究，人们都想知道他背后是不是正在孕育一个更加辉煌的成果。2004 年 7 月，在都柏林的国际广义相对论和万有引力大会上，霍金出席并作了一次震惊世人的报告，这立即在科学界掀起了轩然大波。

多年来，霍金与其他科学界同仁关于"信息悖论"一直争辩不休。这是他解释黑洞现象时的量子观点衍生出的一个问题，即被黑洞吞噬的数据是否可以重新获得。霍金确信无法获得，而加州理工学院的基普·索恩等人则持反对意见，两人因此展开了长期的辩论。而就在都柏林会议上，霍金宣布他已经解决这个难题，并宣布自己输掉了这场赌局，这令所有与会者都大为惊讶。他指出，由于量子的波动类似霍金辐射现象，那么，黑洞的数据就可以依据该原理计算获得。也就是说，从理论上讲，我们仍然可以精确地恢复被黑洞吸收的所有信息。霍金于 2018 年 3 月 14 日在英国剑桥的家中去世，享年 76 岁。

影响青少年
一生的世界

大科学家

扫码获取
更多资源